Susann Nelle
Zur Geschichte der jüdischen Gemeinde in Pasewalk
Von den Anfängen bis 1940

Susann Nelle

Zur Geschichte der jüdischen Gemeinde in Pasewalk

Von den Anfängen bis 1940

Schkeuditzer Buchverlag

Der vorliegende Text ist die überarbeitete Fassung der Magisterarbeit, die im September 2007 an der Philosophischen Fakultät der Universität Potsdam eingereicht wurde; Erstgutachter war Prof. Dr. Julius Schoeps, Zweitgutachterin Dr. Irene Diekmann.

ISBN: 978-3-935530-71-2

© 2008 by Schkeuditzer Buchverlag
Badeweg 1, D-04435 Schkeuditz
Alle Rechte vorbehalten
Satz: Waltraud Willms
Druck und buchbinderische Verarbeitung: GNN Schkeuditz

„Allen Schmähungen stellen wir die Hoheit unserer Religion entgegen,
allen Kränkungen unser stetes Bemühen,
in den Wegen unseres Judentums zu gehen,
seinen Geboten nachzukommen.
Die wahre Ehre gibt sich jeder selbst,
er gibt sie sich durch ein Leben,
das unantastbar und rein,
schlicht und aufrecht ist,
durch ein Leben auch von jener Zurückhaltung,
die das Zeichen innerer Stärke ist.
Unsere Ehre ist unsere Ehre vor Gott,
sie allein wird bestehen."

Trostwort der Reichsvertretung der deutschen Juden zur Verlesung im Gottesdienst der Pasewalker Synagogengemeinde während des „Sabbat des Trostes" 1935 (CJA, 1,75 A Pa 3 Pasewalk, Nr. 19, S. 101 f.)

Inhaltsverzeichnis

1. Vorwort 9
2. Zur Geschichte der Juden in Pommern 12
3. Die pommersche Stadt Pasewalk – ein historischer Abriss 28
4. Die jüdische Gemeinde zu Pasewalk 34
   4.1. Erste Spuren jüdischen Lebens in Pasewalk 34
   4.2. Die Gründung der Synagogengemeinde zu Pasewalk und ihre Entwicklung bis 1855 36
   4.3. Das Gemeindeleben in der zweiten Hälfte des 19. Jahrhunderts 40
   4.4. Zur weiteren Entwicklung der Gemeinde bis 1918 49
   4.5. Jüdisches Leben in Pasewalk während der Weimarer Republik 55
   4.6. Der Niedergang der Synagogengemeinde nach 1933 60
5. Zusammenfassung 67
6. Anhang 71
   6.1. Tabellen 71

   Tabelle 1: Nachweisung der jüdischen Einwohner in der Stadt Pasewalk 1816 71
   Tabelle 2: Nachweisung der jüdischen Einwohner in der Stadt Pasewalk 1832 73
   Tabelle 3: Übersicht der persönlichen und gewerblichen Verhältnisse der Juden im Regierungsbezirk Stettin für die Städte Pasewalk und Ueckermünde am Ende des Jahres 1843 78
   Tabelle 4: Übersicht der persönlichen und gewerblichen Verhältnisse der Juden im Regierungsbezirk Stettin für die Städte Pasewalk und Ueckermünde am Ende des Jahres 1861 82
   Tabelle 5: Übersicht über die Mitglieder des Vorstandes und die Repräsentanten der Synagogengemeinde zu Pasewalk für die Jahre 1856, 1865, 1869, 1891 und 1901 86
   Tabelle 6: Die Mitglieder des Vorstandes und die Repräsentanten der Synagogengemeinde zu Pasewalk im Jahre 1928 87

Tabelle 7: Juden in Pasewalk 1932/33 88
Tabelle 8: Übersicht über die Zahl der Juden und „jüdischen Mischlinge" in Pasewalk nach der Sonderzählung vom Mai 1939 89
Tabelle 9: Erfassung der Juden mit Wohnort Pasewalk durch das Reichsamt für Statistik aus dem Jahr 1939 90

6.2. Dokumente 93

Dokument 1: Statut für die Synagogen-Gemeinde zu Pasewalk, 1856 93
Dokument 2: Bewerbung des Rabbiners Adolf Rosenzweig, 1874 111
Dokument 3: Mitgliederverzeichnis der Synagogen-Gemeinde Pasewalk nach dem Stande vom Februar 1933 113
Dokument 4: Lagebericht des Regierungspräsidenten, 11. November 1938 118

6.3. Abbildungen 122

6.4. Quellenverzeichnis 128

6.4.1. Ungedruckte Quellen 128
6.4.2. Gedruckte Quellen 129

6.5. Literaturverzeichnis 130

Danksagung 134

1. Vorwort

Die vorliegende Arbeit widmet sich der wechselvollen Geschichte der Juden in Pommern, wobei sie über allgemeine Betrachtungen hinaus vor allem die Entstehung und Entwicklung einer ausgewählten jüdischen Gemeinde, der Synagogengemeinde zu Pasewalk, in den Mittelpunkt stellt.

Während über jüdisches Leben in Pommern bereits zahlreiche wichtige Publikationen erschienen sind, die in der vorliegenden Arbeit auch Berücksichtigung finden, stellt sich der Forschungsstand zu dem hier untersuchten Thema noch lückenhaft dar. Obgleich die Quellenlage diesbezüglich durchaus als ergiebig bezeichnet werden kann – allein im Archiv der Stiftung „Neue Synagoge Berlin – Centrum Judaicum" lagert, Pasewalk betreffend, ein umfangreicher, wissenschaftlich noch kaum erschlossener Bestand in einer Größenordnung von einhundert Akteneinheiten – ist bisher recht wenig zu jüdischem Leben in Pasewalk publiziert worden. Unbedingt hervorzuheben ist in diesem Zusammenhang allerdings die verdienstvolle Forschung von Prof. Wolfgang Wilhelmus und Dr. Egon Krüger, die auf diesem Gebiet Pionierarbeit leisteten. Wilhelmus, der auch für einige bedeutende Publikationen und Aufsätze über Juden in Vorpommern verantwortlich zeichnet, und Krüger, der unter anderem zahlreiche Schriften zur Geschichte des Kreises Pasewalk veröffentlicht hat, haben in Kooperation den 1995 erschienenen Aufsatz „Juden in Pasewalk und Umgebung"[1] erarbeitet, der 1998 in einer erweiterten Fassung nochmals publiziert wurde.[2] Krüger hat darüber hinaus auch einige kürzere Beiträge dazu in regionalen Publikationen verfasst.[3]

Diese bisher erschienenen Schriften über die Synagogengemeinde zu Pasewalk vermögen einen Überblick zu geben, erweisen sich jedoch zuweilen als bruchstückhaft. So wird die Frage nach dem Zusammenleben der Pasewalker Juden mit

---
1 Vgl.: Krüger, Egon / Wilhelmus, Wolfgang: Juden in Pasewalk und Umgebung, in: Heitmann, Margret / Schoeps, Julius H. (Hrsg.): „Halte fern dem ganzen Lande jedes Verderben ..." Geschichte und Kultur der Juden in Pommern, Hildesheim 1995, S. 173-182.
2 Vgl.: Krüger, Egon / Wilhelmus, Wolfgang: Pasewalk, in: Diekmann, Irene (Hrsg.): Wegweiser durch das jüdische Mecklenburg-Vorpommern. Im Auftrag des MMZ für europäisch-jüdische Studien, Bd. II, Potsdam 1998, S. 167-180.
3 Vgl.: Krüger, Egon: Die Bedeutung der Juden im Wirtschaftsleben von Pasewalk vor 1933, in: Heimatheft des Landkreises Pasewalk 1993, S. 60 f.; Über die Juden in Pasewalk nach 1933, in: Beiträge zur Geschichte des Kreises Pasewalk, Pasewalk 1990, S. 51-54; Über die Juden in Pasewalk nach 1933, in: Der faschistische Pogrom vom 9./10. November 1938 – Zur Geschichte der Juden in Pommern, Wissenschaftliche Beiträge der Ernst-Moritz-Arndt-Universität Greifswald, Greifswald 1989, S. 124-126; Stadtrat Paul Behrendt, in: 30 Jahre Kreisstadt Pasewalk, Pasewalk 1982, S. 49-51; Kanalisationsdeckel aus Pasewalk, in: 1. Heimatheft des Landkreises Uecker-Randow 1995, S. 41 f.

ihren christlichen Mitbürgern vor 1933 kaum berührt und auch die Darstellung der strukturellen Entwicklung der jüdischen Gemeinde in Pasewalk bleibt unvollständig. Gemeindeinterne Vorgänge und Zusammenhänge werden zum Teil nicht hinreichend dargestellt, sondern nur angerissen. Streitigkeiten innerhalb der Gemeinde finden zwar Erwähnung, doch die genauen Umstände und Zusammenhänge bleiben weitgehend im Dunkeln. Zudem findet sich in den bereits veröffentlichten Publikationen keine umfassende Aufstellung der in Pasewalk beschäftigten Kultusbeamten, die Erwähnung von Rabbinern und Kantoren ist lückenhaft und wirkt mitunter beliebig.

Die vorliegende Arbeit soll an den bisherigen Forschungsstand anknüpfen und gerade jene Belange der Pasewalker Gemeinde berücksichtigen, die in der bis dato zu dem Thema erschienen Literatur noch nicht oder lediglich fragmentarisch erörtert worden sind. Die Zielstellung besteht nicht allein darin, eine möglichst chronologische und umfassende Darstellung der Geschichte der Pasewalker Synagogengemeinde vorzulegen. Vielmehr sollen auch die einzelnen Aspekte des Gemeindelebens vertieft werden, die bisher nicht hinreichend erschlossen werden konnten, so das Verhältnis der Pasewalker zu ihren jüdischen Mitbürgern und die antisemitischen Tendenzen, denen die Mitglieder der Pasewalker Synagogengemeinde ausgesetzt waren. Auch die strukturelle Entwicklung der Gemeinde wird stärkere Gewichtung finden. Dabei sollen gerade gemeindeinterne Vorgänge und Unstimmigkeiten fokussiert werden, um ein anschaulicheres Bild des Gemeindelebens zu zeichnen. Darüber hinaus wird angestrebt, einen möglichst genauen und lückenlosen Überblick über die in der Pasewalker Gemeinde beschäftigten Kultusbeamten zu geben, obgleich hier kein Anspruch auf Vollständigkeit erhoben werden kann. Nicht zuletzt ist es ein besonderes Anliegen dieser Ausarbeitung, mehr Gewicht auf die wörtliche Wiedergabe von Schriftwechseln und Dokumenten zu legen, als bisher geschehen, um die ehemaligen jüdischen Bürger Pasewalks aus der Anonymität herauszuheben und ihnen eine Stimme zu verleihen. Damit möchte die Verfasserin einen Beitrag zur Erforschung der Geschichte jüdischen Lebens in ihrer Heimatregion leisten.

Die Wahl des Themas für diese Ausarbeitung ergab sich allerdings nicht nur aus der Herkunft der Verfasserin und dem noch lückenhaften Forschungsstand, sondern auch aus dem bemerkenswerten Sachverhalt, dass die Kleinstadt Pasewalk sich im Verlauf des 19. Jahrhunderts zu einem der bedeutendsten Zentren jüdischen Lebens in Vorpommern entwickelt hat. Während im Jahre 1825 18 jüdische Familien in Pasewalk lebten, insgesamt 101 Personen[4], waren bis Ende des Jahres 1855 bereits 286 Personen jüdischen Glaubens in dieser Stadt ansässig geworden,

---

4 APS, Regierung Stettin, Nr. 10596, o. S.

davon 123 Kinder, aber lediglich 15 Personen, die das 60. Lebensjahr vollendet hatten.[5] Damit stellte Pasewalk hinter der Stadt Stettin die zweitgrößte jüdische Gemeinde im vorpommerschen Teil des Regierungsbezirks Stettin.[6] Auch dies hat die Verfasserin dazu veranlasst, die Geschichte der Pasewalker Synagogengemeinde näher zu beleuchten.

Die oben bereits angeführte Sekundärliteratur zu der hier zu untersuchenden Thematik wird in den folgenden Ausführungen Verwendung finden, des Weiteren stützt sich die Verfasserin jedoch auf eigene Recherchen in verschiedenen Archiven. Daher basiert der Hauptteil der vorliegenden Arbeit, der die Geschichte der jüdischen Gemeinde zu Pasewalk behandelt, vorrangig auf Quellenmaterial aus dem Staatsarchiv Stettin, dem Archiv der Stiftung Neue Synagoge Berlin – Centrum Judaicum, dem Bundesarchiv Berlin, dem Geheimen Staatsarchiv Preußischer Kulturbesitz, dem Vorpommerschen Landesarchiv Greifswald und dem Kreisarchiv Pasewalk. Neben dem erschlossenen Archivmaterial werden auch zahlreiche gedruckte Quellen in die Ausarbeitung mit einfließen, die wertvolle Informationen beinhalten und so weiteren Aufschluss über das Leben der Juden in Pasewalk geben können.

Um in die Thematik einzuführen, wird die Verfasserin zunächst die Geschichte der Juden in Pommern nachzeichnen. Da eine umfassende Darstellung in diesem Rahmen nicht möglich ist, kann hier allerdings nur ein grober Überblick gegeben werden. Anschließend soll die pommersche Kreisstadt Pasewalk, die ja Gegenstand dieser Arbeit ist, vorgestellt und ein allgemeiner historischer Abriss entwickelt werden, um die Geschichte der Pasewalker Synagogengemeinde im Zusammenhang mit ihrem regionalen Kontext betrachten zu können. Der folgende Teil der vorliegenden Ausarbeitung widmet sich schließlich der jüdischen Gemeinde zu Pasewalk. In diesem Abschnitt wird eine chronologische Unterteilung vorgenommen, die eine übersichtliche und strukturierte Darstellung der Entwicklung der Gemeinde gewährleisten soll. Es ist vor allem zu untersuchen, wie sich die Pasewalker Synagogengemeinde seit ihren Anfängen entwickelte, wie sie organisiert war, wie es um ihre Personalangelegenheiten stand und mit welchen internen Problemen und Unstimmigkeiten sie zu kämpfen hatte. Darüber hinaus wird zu erörtern sein, in welchem Verhältnis die Pasewalker Juden zu ihrer nichtjüdischen Umgebung standen und welche Folgen die nationalsozialistische „Machtergreifung" für sie zeitigte. Allerdings stößt die vorliegende Ausarbeitung bei der Erschließung der letzten Jahre des Bestehens der Pasewalker jüdischen Gemeinde an Grenzen, die in der für diese Zeit mangelhaften Quellenlage begründet sind.

---
5 Ebd., Nr. 10757, o. S.
6 Ebd.

Zeugnisse, die das Gemeindeleben dokumentieren, sind nur bis ins Jahr 1937 auffindbar. Für die Zeit danach bis zur endgültigen Auflösung der Pasewalker jüdischen Gemeinde im Februar 1940 liegen zwar durchaus Quellen über die Gemeinde, nicht jedoch von der Gemeinde selbst vor. Es ist anzunehmen, dass solche Quellen, falls es sie gab, verloren gegangen sind oder vernichtet wurden. Daher war es nicht möglich, die letzten Jahre des Gemeindebestehens, die im Zeichen des nationalsozialistischen Terrors standen, umfassend nachzuvollziehen.

Im Anhang dieser Arbeit befindet sich eine Auswahl von Tabellen, Dokumenten und Abbildungen. Diese sollen den Text über die abstrakte Ebene hinausheben und so das Leben und das Schicksal einer jüdischen Gemeinde in Pommern veranschaulichen, die mit dem Machtantritt Hitlers dem Untergang geweiht war.

2. Zur Geschichte der Juden in Pommern

Bis zur Zeit der deutschen Besiedlung Pommerns im 13. Jahrhundert gibt es keine Hinweise zum Aufenthalt von Juden in dieser Gegend. Es ist anzunehmen, dass sie, bedingt durch ihren Handel zwischen Ost- und Westeuropa, vereinzelt bereits früher das Land durchzogen, „aber erst in Berichten aus dem 13. Jahrhundert werden in der Region Kaufleute und Geldverleiher jüdischen Glaubens erwähnt."[7] So sind für die Jahre 1282 und 1286 in Stralsund Juden bezeugt, die Handel trieben und Pfand nahmen. Auch in der ersten Hälfte des 14. Jahrhunderts bestätigen Quellen den Aufenthalt von Juden in dieser Stadt. Das Greifswalder Stadtbuch erwähnt den jüdischen Seidenhändler Heseke und seinen Sohn Isaac, die am 25. Januar 1307 vom Greifswalder St.-Georgs-Hospital auf sechs Jahre ein Erbgut pachteten und den Vertrag 1313 auf Lebenszeit erneuerten unter der Bedingung, dass alle von Heseke vorgenommenen baulichen Veränderungen nach seinem Tod Eigentum des Hospitals werden sollten.[8]

Die pommerschen Herzöge Otto I. und Wartislaw IV. gewährten am 23. August 1320 den Juden in den Städten Prenzlau, Pasewalk und Templin das Bürgerrecht. Allerdings war das den Juden zugestandene Bürgerrecht allgemein mit einigen Einschränkungen verbunden. So war ihnen die Bekleidung von Ämtern und Ehrenstellungen sowie der Erwerb von Besitzrecht untersagt. Die Pacht hingegen stand

---

7 Wilhelmus, Wolfgang: Juden in Vorpommern, Schwerin 1996, S. 5.
8 Vgl.: Grotefend, Ulrich: Geschichte und rechtliche Stellung der Juden in Pommern. Von den Anfängen bis zum Tode Friedrich des Großen, Marburg 1931, S. 34 f.

ihnen offen. Im Verhältnis zum westlichen Teil des „Heiligen Römischen Reiches" und zu Westeuropa kam den Juden in Pommern somit eine relativ günstige rechtliche Stellung zu. Bezüglich ihrer zahlenmäßigen Stärke sind den Quellen aus jener Epoche jedoch keine Angaben zu entnehmen. Auch die Frage, ob die pommersche Judenschaft zu dieser Zeit bereits über eine Gemeindeverfassung verfügte, lässt sich nicht mit Sicherheit beantworten.

Als sich Mitte des 14. Jahrhunderts die Pest in weiten Teilen Mitteleuropas ausbreitete, kam es, wie schon während der Kreuzzüge, zu großen Judenverfolgungen im deutschen Raum, denen auch in Pommern die meisten Juden zum Opfer fielen.[9] „In der folgenden Zeit war die Situation von Ort zu Ort unterschiedlich. Während in Anklam über mehrere Jahrhunderte Juden kein Wohnrecht erhielten und ihnen dort jeglicher Aufenthalt verboten war, ist 1371 in Greifswald ein Jude erwähnt, der ein Eckhaus pachtete."[10]

Obgleich es in Anbetracht der territorialen Zersplitterung Deutschlands und verschiedenster herrschaftlicher und städtischer Interessen keine einheitlichen Regelungen die Juden betreffend gab, verbesserten sich im Verlaufe des 15. Jahrhunderts die Bedingungen für die pommersche Judenschaft. In Dramburg, Stargard, Pyritz, Stettin, Pasewalk und anderen Orten ließen sich nun, zumindest zeitweilig, wieder Juden nieder.[11] In Pasewalk lebten im Jahre 1466 mindestens zwei Juden, wahrscheinlich mit ihren Familien, an die der Stralsunder Bürgermeister eine ungerechtfertigte Geldforderung stellte, gegen die der Bürgermeister Pasewalks jedoch intervenierte.[12] Im Dezember 1481 gewährte der pommersche Herzog Bogislaw X. 22 Juden mit ihren Familien und Gesinde auf sechs Jahre Wohnrecht in Pommern. Diese den Juden gegenüber verhältnismäßig wohlwollende Haltung Bogislaws X. war jedoch nicht von Dauer. Bereits 1492/93 ließ er die pommerschen Juden unter der Anklage der Hostienschändung des Landes verweisen. Für den folgenden Zeitraum liegen kaum Quellen vor, die auf Juden in Pommern schließen lassen. „Es ist anzunehmen, dass das Niederlassungsrecht den Juden bis zum Dreißigjährigen Krieg verwehrt blieb, dass aber fremde, besonders polnische Juden, ihre Geschäfte in Pommern abwickeln und sich vorübergehend im Lande aufhalten durften."[13] So ist bekannt, dass eine Frau Rebekka, Witwe des

---

9   Vgl.: Carlebach, Salomon: Geschichte der Juden in Lübeck und Moisling, Lübeck 1898, S. 2 ff.
10 Wilhelmus, Wolfgang: Aus der Geschichte der Juden in Vorpommern, in: Diekmann, Irene (Hrsg.): Wegweiser durch das jüdische Mecklenburg-Vorpommern. Im Auftrag des MMZ für europäisch-jüdische Studien, Bd. II, Potsdam 1998, S. 23.
11 Vgl.: Grotefend, Ulrich: Geschichte und rechtliche Stellung der Juden in Pommern. Von den Anfängen bis zum Tode Friedrich des Großen, Marburg 1931, S. 51 f.
12 Vgl.: Ebd., S. 52 f.
13 Kénez, Csaba: Geschichte des Judentums in Pommern, in: Pommern. Kunst – Geschichte – Volkstum, 8. Jg. (1970), Heft 1, S. 9.

Isaac Meyer, im Jahre 1558 von Herzog Barnim IX. einen Geleit- und Schutzbrief erhielt, um ihre Forderungen in Stettin und Pommern einlösen zu können.[14] In Folge einer Beschwerde der Stettiner Geistlichkeit, die die Entfernung der Jüdin forderte, wurde letztere jedoch schließlich des Landes verwiesen. Weder das sich im späten 15. Jahrhundert auch in Norddeutschland allmählich durchsetzende Zeitalter des Humanismus, noch die Reformation zu Beginn des 16. Jahrhunderts vermochten also die problematische Situation der Juden nachhaltig zu verbessern.

Nach dem Aussterben des pommerschen Herrscherhauses mit dem Tode des Herzogs Bogislaw XIV. fielen im Zuge des Dreißigjährigen Krieges und des Westfälischen Friedens 1648 der westliche Teil Pommerns, das heutige Vorpommern und das angrenzende Gebiet östlich der Oder mit der Insel Wollin sowie den Städten Altdamm, Greifenhagen, Cammin, Gollnow und Bahn an Schweden. Das Herzogtum Hinterpommern und das Fürstentum Cammin sowie Bütow und Lauenburg hingegen gelangten unter brandenburgische Herrschaft. Diese Teilung Pommerns hatte auch die Entwicklung unterschiedlicher Existenzbedingungen für die hier ansässigen Juden zur Folge.[15]

„Im großen und ganzen waren die Verhältnisse im schwedischen Teil Pommerns ungünstiger für die Juden als im brandenburgischen. Aus den ersten Jahrzehnten schwedischer Herrschaft liegen keinerlei Nachrichten über Juden vor, doch die wenigen Akten, die mit den 80er Jahren des 17. Jahrhunderts beginnend überliefert sind, erhärten diesen Vergleich mit Hinterpommern."[16] In Schwedisch-Pommern konnten sich auch weiterhin nur zeitweilig vereinzelte Münz- und Handelsjuden aufhalten. So gewährte die schwedisch-pommersche Regierung in Stettin 1681 dem jüdischen Juwelier und Goldschmied Moses Helmstedt, „sich als Münzjude in Greifswald niederzulassen, überall in Schwedisch-Pommern Gold und Silber zollfrei für die Münze zu kaufen, ein Gewerk mit dem Ziel der Armenversorgung anzulegen, ein Haus zu erwerben und einen Acker für einen jüdischen Begräbnisplatz zu kaufen. Er sollte mit den „Seinigen" die jüdische Religion frei und ungehindert in der Stille durchführen, sofern es kein Ärgernis gebe."[17] Für die Greifswalder Geistlichkeit und die Ratsherren der Stadt stellte jedoch allein

---

14 Vgl.: Peiser, Jacob: Die Geschichte der Synagogengemeinde zu Stettin. Eine Studie zur Geschichte des pommerschen Judentums, Würzburg 1965, S. 19.
15 Vgl. Wilhelmus, Wolfgang: Geschichte der Juden in Pommern, Rostock 2004, S. 18.
16 Kénez, Csaba: Geschichte des Judentums in Pommern, in: Pommern. Kunst – Geschichte – Volkstum, 8. Jg. (1970), Heft 1, S. 12.
17 Wilhelmus, Wolfgang: Aus der Geschichte der Juden in Vorpommern, in: Diekmann, Irene (Hrsg.): Wegweiser durch das jüdische Mecklenburg-Vorpommern. Im Auftrag des MMZ für europäisch-jüdische Studien, Bd. II, Potsdam 1998, S. 23.

die Aufnahme eines Juden ein Ärgernis dar, gegen das sie bei der schwedisch-pommerschen Regierung entschieden intervenierten. Letztere trat jedoch für Helmstedt ein und gewährte ihm weiterhin den Aufenthalt in Greifswald. Allerdings wurde Helmstedt bereits 1688 aufgrund einer Verleumdung wieder aus Greifswald vertrieben.

Gemäß einer Verordnung von 1683 wurde in Stettin nur einem Juden das Wohnrecht gewährt, der im Auftrag des Berliner Rabbinats den Handel mit Kosherweinen überwachen sollte.

Nach wie vor sah sich die schwedisch-pommersche Regierung Klagen über den Aufkauf und die Ausfuhr von Wolle und Vieh sowie über den Handel der Juden gegenüber, die durch christliche Ratsherren und Kaufleute an sie herangetragen wurden. In Folge dessen erging 1691 per Erlass ein absolutes Aufenthalts- und Handelsverbot an alle Juden ohne spezielle Erlaubnis. Eine weitere Verfügung von 1695 erlegte auch den wenigen geduldeten Juden empfindliche Handelsbeschränkungen auf. Der Handel mit Fellen, Flachs, Wolle, Honig und Edelmetallen wurde untersagt. 1697 und nochmals 1710 veranlasste die schwedisch-pommersche Regierung sogar die Ausweisung sämtlicher Juden.[18] Für die nächsten Jahrzehnte geben die Quellen kaum Hinweise auf die Anwesenheit von Juden in Schwedisch-Pommern. Erst in den 1750er Jahren kommen sie in den Dokumenten wieder des Öfteren zur Sprache. So verfügte die schwedische Regierung 1758, dass die Juden, die sich ungeachtet des geltenden Aufenthaltsverbotes ins Land eingeschlichen hatten, dieses binnen acht Tagen verlassen sollten.[19] Einzig die im Zuge der Errichtung des Stralsunder Münzwerkes im Jahre 1760 angestellten Münzjuden erfreuten sich in den folgenden Jahren gegenüber ihren Glaubensgenossen einer privilegierten Stellung.

1777 erging ein weiteres Judenreglement, wonach einige jüdische Familien, die einen Schutzbrief besaßen, in Schwedisch-Pommern geduldet werden sollten.[20] Allerdings wurde ihnen die Betätigung als Händler nur in ausgewählten Handelszweigen gestattet. Das Treiben von Handwerk und Hausiererei sowie die Niederlassung auf dem Lande und der Erwerb von Häusern ohne spezielle Konzession wurden ihnen gänzlich verboten. Ihre Religion sollten sie hingegen frei, wenn auch nicht öffentlich, ausüben dürfen. Darüber hinaus wurde den Schutzjuden ohne erwachsene Kinder erlaubt, zwei bis drei jüdische Bedienstete zu beschäftigen. Dieses Edikt „führte zum Zuzug weiterer Juden nach Schwedisch-Pommern und

---

18 Vgl.: Ebd., S. 24.
19 Vgl.: Kénez, Csaba: Geschichte des Judentums in Pommern, in: Pommern. Kunst – Geschichte – Volkstum, 8. Jg. (1970), Heft 1, S. 12.
20 Vgl.: Wilhelmus, Wolfgang: Juden in Vorpommern, Schwerin 1996, S. 16 f.

zur Bildung der ersten jüdischen Gemeinde in diesem Gebiet 1784 in Stralsund, wo damals 119 Juden lebten."[21] Hier wurde drei Jahre später auch die erste Synagoge Vorpommerns eingeweiht.[22]

Die den Juden durch die Verordnung von 1777 zugestandenen Rechte wurden 1810 nochmals erweitert. Nunmehr war es ihnen auch gestattet, ohne spezielle Erlaubnis Fabriken und Manufakturen zu errichten sowie Grundstücke zu erwerben. Sie durften Wollhandel betreiben und – mit Einschränkungen – Handwerke ausüben. Das Reglement aus dem Jahr 1777 mit seiner Erweiterung von 1810 blieb auch nach der Angliederung Schwedisch-Pommerns an Preußen im Jahre 1815 wirksam und bestimmte weiterhin die rechtliche Stellung der Juden in diesem Landesteil. Erst 1847 kam es zur Aufhebung ihrer regionalen Sonderstellung.

Auch die Lage der Juden in dem Teil Pommerns, der 1648 an Brandenburg gekommen war, blieb zunächst problematisch. Zahlreiche Beschwerden über den Handel der Juden veranlassten den Kurfürsten Friedrich Wilhelm, per Edikt vom 10. März 1662 den Juden Aufenthalt und Handel in Hinterpommern zu verbieten. Allerdings verfügte er schon wenig später, am 1. November 1663, in einem Schreiben an die hinterpommersche Regierung, dass den polnischen Juden der freie Handel und Aufenthalt im Herzogtum Hinterpommern gestattet werden solle. Offensichtlich „wollte der Große Kurfürst beim Wiederaufbau des kriegszerstörten Landes auf die Mitwirkung von Juden nicht verzichten."[23] In den folgenden Jahren wurde die kurfürstliche Regierung von den Städten vorrangig aus wirtschaftlichen Interessen heraus immer wieder bedrängt, den Juden den Aufenthalt in Hinterpommern generell zu untersagen. Den zahlreichen Bittschriften wurde jedoch nicht entsprochen. Auswärtigen Juden wurde weiterhin auf bestimmte Zeit ein Wohn- und Handelsrecht in Hinterpommern zugestanden. 1672 verfügte der Kurfürst zudem, einigen sesshaften Juden – in großen Städten zwei, in kleinen Städten einem „vergleiteten" Juden – per Schutz- und Geleitsbrief das Niederlassungsrecht in Hinterpommern zu erteilen.[24]

Die Juden hingegen, die keine Schutz- und Geleitsbriefe bzw. Pässe besaßen, wurden gemäß kurfürstlichem Befehl vom 6. Mai 1678 des Landes verwiesen. Da

---

21 Wilhelmus, Wolfgang: Aus der Geschichte der Juden in Vorpommern, in: Diekmann, Irene (Hrsg.): Wegweiser durch das jüdische Mecklenburg-Vorpommern. Im Auftrag des MMZ für europäisch-jüdische Studien, Bd. II, Potsdam 1998, S. 25.
22 Vgl.: Dinse, Ursula: Aus der Isolation in die konfessionelle Gleichberechtigung – Synagogenbau in Mecklenburg-Vorpommern, in: Diekmann, Irene (Hrsg.): Wegweiser durch das jüdische Mecklenburg-Vorpommern. Im Auftrag des MMZ für europäisch-jüdische Studien, Bd. II, Potsdam 1998, S. 358.
23 Kénez, Csaba: Geschichte des Judentums in Pommern, in: Pommern. Kunst – Geschichte – Volkstum, 8. Jg. (1970), Heft 1, S. 10.
24 Vgl.: Ebd.

sie aber beim Absatz landwirtschaftlicher Produkte für die adligen wie die bäuerlichen Produzenten eine nicht unbedeutende Rolle spielten, setzte sich die Ritterschaft des Pyritzschen Kreises im Juni 1678 für eine Milderung des kurfürstlichen Ausweisungsbefehls ein.[25] Daraufhin wurde den polnischen Juden am 14. Juli 1678 das Handelsrecht zunächst für ein Jahr erteilt und 50 Personen der Pass erneuert. In den nächsten Jahren wurde diese Konzession bestätigt. 1681 wurde auch den neumärkischen Juden auf ein Jahr der Handel und Aufenthalt in Hinterpommern und im Fürstentum Cammin gestattet.

Die Haltung der kurfürstlichen Regierung wandelte sich auch unter Friedrich III., dem späteren ersten König Preußens, kaum. Per Erlass vom 31. Mai 1688 wurde die bisherige Regelung die Juden betreffend bis zur Ausarbeitung eines neuen Statuts bestätigt. 1689 wies Friedrich III. eine erneute Bitte der Städte um die „Abschaffung der Juden" zurück, verbot den Juden jedoch ein Jahr später die Ausfuhr von Wolle, unter der die pommersche Wirtschaft in der Tat litt.[26] Da es bezüglich der Juden bisher kein einheitliches Reglement gab, erging im Jahre 1694 eine Verordnung, die die Stellung der Juden eingehender regeln sollte.[27] Demnach war es nur noch den vom Kurfürst „vergleiteten" Juden gestattet, sich im Herzogtum Hinterpommern aufzuhalten. Dabei sollten sich in den Immediatstädten je zwei jüdische Familien niederlassen dürfen, in den kleineren Mediatstädten dagegen nur eine. Darüber hinaus sollten Juden, sofern sie keine erwachsenen Kinder hatten, nicht mehr als einen unverheirateten Knecht bzw. eine alleinstehende Magd halten und keine Verwandten bei sich beschäftigen. Ein weiterer Punkt der Verordnung gab vor, dass die „vergleiteten" Juden an hohen Festtagen fremde, durchreisende Juden höchstens drei bis vier Tage lang bei sich aufnehmen durften. Gleich den Christen sollten sie alle bürgerlichen Pflichten tragen und Handel treiben dürfen. Das Hausieren auf dem Lande wurde ihnen hingegen gänzlich verboten. Was die „vergleiteten" Juden für den Hausbedarf benötigten, sollten sie selbst schlachten dürfen. Der letzte Punkt des Ediktes befahl den kurfürstlichen Beamten an, alle „unvergleiteten" Juden ausfindig zu machen, vor die kurfürstliche Regierung zu bringen und für die strikte Einhaltung der erlassenen Vorschriften Sorge zu tragen. „Diese teilweise scharfen und diskriminierenden Regelungen entsprachen durchaus den Anschauungen der damaligen Zeit, in der die christliche Ge-

---

25 Vgl.: Bäcker, Lars: Juden in Schwedisch-Vorpommern/Neuvorpommern von 1648-1871, Diss., Greifswald 1993, S. 202.
26 Vgl.: Kénez, Csaba: Geschichte des Judentums in Pommern, in: Pommern. Kunst – Geschichte – Volkstum, 8. Jg. (1970), Heft 1, S. 11.
27 Vgl.: Grotefend, Ulrich: Geschichte und rechtliche Stellung der Juden in Pommern. Von den Anfängen bis zum Tode Friedrich des Großen, Marburg 1931, S. 81.

sellschaft die Juden bestenfalls als Fremdkörper zu dulden bereit war."[28] Letztlich gestaltete sich die Situation der Juden im brandenburgischen Teil Pommerns aber günstiger als in Schwedisch-Pommern, wo sich die Judengesetzgebung aufgrund der antijüdischen Haltung des schwedischen Königshauses noch schärfer ausnahm.[29]

Nachdem Preußen und Russland im Gefolge des Nordischen Krieges 1714 eine erneute Teilung Pommerns vereinbart hatten und Stettin sowie die Inseln Usedom und Wollin und der südliche Teil Vorpommerns bis zur Peene unter brandenburgische Herrschaft gelangten, blieb Schweden lediglich das nördliche Vorpommern von Rügen bis zur Peene vor Anklam. Von diesem Zeitpunkt an bestand auch in Vorpommern zweierlei Judenrecht – schwedisches im Norden und preußisches im Süden.[30] „Obwohl sich seit dem Ende des 17. Jahrhunderts für Juden in Preußen allmählich bessere Entfaltungsmöglichkeiten boten als in vielen anderen deutschen Staaten, änderte sich an deren Lage in den neuen brandenburg-preußischen Gebieten Vorpommerns wenig [...]."[31] Das hier bis dato geltende Judenreglement wurde zunächst beibehalten.[32]

Zwar gab es unter Friedrich Wilhelm I. erste Bemühungen, zu einer allgemeinen, im Gesamtstaat gültigen Judenpolitik zu finden, allerdings wurden die erlassenen Bestimmungen im Einzelfall immer wieder modifiziert oder sogar ganz außer Acht gelassen. Auch das erste Generalprivileg für das gesamte Königreich von 1730 vermochte daran kaum etwas zu ändern. Die rechtliche Lage der Juden war weiterhin durch erhebliche regionale Abweichungen und behördliche Willkür geprägt. Obwohl dem preußischen Hof aufgrund finanzieller Erwägungen an der Ansiedlung einiger Juden durchaus gelegen war und die preußischen Herrscher im Verlauf des 18. Jahrhunderts unter dem Eindruck der Aufklärung langsam vom Standpunkt der Religionseinheit im Lande abwichen, blieben die antijüdischen Ressentiments in der christlichen Bevölkerung weiter bestehen. So konnten sich nur wenige Juden – zwischen 1717 und 1737 waren es höchstens 106 jüdische Familien – in Preußisch-Pommern niederlassen.[33] Erst das unter dem Eindruck der Französischen Revolution, der napoleonischen Toleranzpolitik und der preußisch-deutschen Reformbewegung am 11. März 1812 von Friedrich Wilhelm III.

---

28 Kénez, Csaba: Geschichte des Judentums in Pommern, in: Pommern. Kunst – Geschichte – Volkstum, 8. Jg. (1970), Heft 1, S. 12.
29 Vgl.: Wilhelmus, Wolfgang: Geschichte der Juden in Pommern, Rostock 2004, S. 25.
30 Vgl.: Wilhelmus, Wolfgang: Juden in Vorpommern, Schwerin 1996, S. 12.
31 Wilhelmus, Wolfgang: Aus der Geschichte der Juden in Vorpommern, in: Diekmann, Irene (Hrsg.): Wegweiser durch das jüdische Mecklenburg-Vorpommern. Im Auftrag des MMZ für europäisch-jüdische Studien, Bd. II, Potsdam 1998, S. 24.
32 Vgl.: Stern, Selma: Der preußische Staat und die Juden, Band II, 2, Tübingen 1962, S. 720.
33 Vgl.: Stern, Selma: Der preußische Staat und die Juden, Band II, 1, Tübingen 1962, S. 159.

erlassene „Edikt betreffend die bürgerlichen Verhältnisse der Juden in dem preußischen Staate", das nach französischem Vorbild die völlige Gleichheit von Juden und Christen vor dem Gesetz vorsah, „hatte schließlich die Begriffe wie Schutz- und „unvergleitete" Juden überwunden und gewährte neben der Staatsbürgerschaft auch Freizügigkeit innerhalb des [...] preußischen Staatsgebietes."[34] Verbunden war dies allerdings mit der Bedingung, dass die Juden feste Familiennamen annahmen und bei der Abfassung von Verträgen sowie der Führung von Handelsbüchern die deutsche bzw. eine andere lebende Sprache gebrauchten. Von nun an hatten sie das Recht, sich in der Stadt oder auf dem Land niederzulassen und wurden auch in allen Pflichten den anderen preußischen Staatsbürgern gleichgestellt. Des Weiteren standen ihnen jetzt akademische Lehr-, Schul- und Gemeindeämter offen. Außerdem wurden sie von den ihnen auferlegten Sondersteuern und wirtschaftlichen Beschränkungen befreit.

Das preußische Toleranzedikt vom 11. März 1812 galt allerdings zunächst nur für die altpreußischen Gebiete Pommerns. Auf die ehemals schwedisch regierten Teile der Provinz Pommern, die 1815 im Gefolge des Wiener Kongresses an Preußen gekommen waren, fand das Edikt vorerst keine Anwendung, hier galt weiterhin das schwedische Judenrecht. „Während des Wiener Friedenskongresses hatte sich die Bundesversammlung zwar am 8. Juni 1815 in der Bundesakte darauf verständigt, möglichst übereinstimmend die Verbesserung der Situation der Bekenner des jüdischen Glaubens in Deutschland zu bewirken, bis dahin aber die bereits in den Bundesstaaten gewährten Rechte zu garantieren. Die Vereinheitlichung des Judenrechts ließ sich in der folgenden Zeit auch in Preußen nicht realisieren, weil die konservativen Kräfte in der Regierung das weitergehende Judenrecht in den zuvor französisch verwalteten Gebieten nicht auf die übrigen Territorien Preußens übertragen wollten."[35] Somit bestand in Vorpommern weiterhin zweierlei Judenrecht, das für Preußisch-Vorpommern – auch Altvorpommern genannt – und das für Neuvorpommern, wie das ehemalige Schwedisch-Pommern nun hieß. Aus Altvorpommern wurde bereits 1815 der preußische Regierungsbezirk Stettin gebildet, aus Neuvorpommern 1818 der Regierungsbezirk Stralsund.

Trotz einer nach der Niederlage Napoleons einsetzenden Restaurationsbewegung, im Zuge derer manches den Juden gewährte Recht durch Regierungsverordnungen wieder eingeschränkt wurde[36], und zahlreicher judenfeindlicher

---

34 Kénez, Csaba: Geschichte des Judentums in Pommern, in: Pommern. Kunst – Geschichte – Volkstum, 8. Jg. (1970), Heft 1, S. 16.
35 Wilhelmus, Wolfgang: Juden in Vorpommern, Schwerin 1996, S. 23.
36 Vgl.: Rautenberg, Hans-Werner: Zur Geschichte des Judentums in Pommern und Westpreußen zwischen Emanzipation und Erstem Weltkrieg, in: Rhode, Gotthold (Hrsg.): Juden in Ostmitteleuropa von der Emanzipation bis zum Ersten Weltkrieg, Marburg/Lahn 1989, S. 61.

Aktionen, die im Jahr 1819 zu den antijüdischen „Hep-Hep"-Krawallen in verschiedenen Gebieten Deutschlands führten, stieg nach der Aufhebung der Niederlassungsbeschränkungen die Zahl der Juden in Pommern durch Zuwanderungen, besonders aus dem Großherzogtum Posen, und hohe Geburtenraten an. Lebten im Jahre 1803 in Pommern noch rund 1350 Juden, was etwa 0,3 Prozent der pommerschen Gesamtbevölkerung entsprach, hatte sich diese Zahl bis 1816 mehr als verdoppelt und betrug nun 2809, was 0,42 Prozent der Gesamteinwohnerzahl ausmachte.[37] Im vorpommerschen Teil der Provinz Pommern lebte allerdings nur rund ein Achtel der gesamten pommerschen Judenschaft.[38] „Dennoch führte die allmähliche Vergrößerung der Judenschaft in Vorpommern zur Gründung weiterer Synagogengemeinden."[39]

In Altvorpommern, wo die neue preußische Judengesetzgebung schon seit 1812 galt, war die Zahl der ansässigen Juden mit 259 „zu dieser Zeit etwa doppelt so groß wie die im bisherigen Schwedisch-Vorpommern. Die größte jüdische Gemeinde befand sich in Stettin, wo 1819 bereits 126 Juden lebten. Weitere Gemeinden bestanden in Pasewalk und Anklam, wo im selben Jahr immerhin 57 bzw. 46 Juden wohnten. In anderen vorpommerschen Städten des preußischen Regierungsbezirks Stettin hielten sich nur wenige Juden auf [...]. Höher war die Zahl der jenseits der Oder registrierten Juden. Immerhin lebten im gesamten preußischen Regierungsbezirk Stettin, zu dem das mittlere Pommern gehörte, 1819 schon 1341 und 1828 sogar 2183 jüdische Einwohner."[40] In Neuvorpommern hingegen, wo das Toleranzedikt von 1812 vorerst keine Anwendung fand, stagnierte die jüdische Ansiedlung in den folgenden Jahren aufgrund der dortigen Rechtslage. Entsprechend blieb die Zahl der in Neuvorpommern lebenden Juden auch in den folgenden Jahrzehnten gering. 1821 erging durch die Provinzregierung die Weisung, keine weiteren Juden, weder aus dem Ausland, noch aus anderen preußischen Provinzen aufzunehmen. Daher betrug die Anzahl der in Neuvorpommern ansässigen Juden auch im Jahre 1843 noch lediglich 164[41], während die Zahl der

---

37 Vgl.: Kénez, Csaba: Geschichte des Judentums in Pommern, in: Pommern. Kunst – Geschichte – Volkstum, 8. Jg. (1970), Heft 1, S. 16.
38 Vgl.: Wilhelmus, Wolfgang: Aus der Geschichte der Juden in Vorpommern, in: Diekmann, Irene (Hrsg.): Wegweiser durch das jüdische Mecklenburg-Vorpommern. Im Auftrag des MMZ für europäisch-jüdische Studien, Bd. II, Potsdam 1998, S. 27.
39 Ebd.
40 Wilhelmus, Wolfgang: Juden in Vorpommern im 19. Jahrhundert, in: Heitmann, Margret / Schoeps, Julius H. (Hrsg.): „Halte fern dem ganzen Lande jedes Verderben ..." Geschichte und Kultur der Juden in Pommern, Hildesheim 1995, S. 106.
41 Vgl.: Wilhelmus, Wolfgang: Aus der Geschichte der Juden in Vorpommern, in: Diekmann, Irene (Hrsg.): Wegweiser durch das jüdische Mecklenburg-Vorpommern. Im Auftrag des MMZ für europäisch-jüdische Studien, Bd. II, Potsdam 1998, S. 27.

Juden in Pommern insgesamt auf 7716 gestiegen war.[42] Zu dieser Zeit setzte sich bereits selbst die Bezirksregierung für die Gleichstellung der neuvorpommerschen Judenschaft mit allen anderen preußischen Juden ein. „Schließlich bestätigte am 23. Juli 1847 der preußische König das vom preußischen Staatsministerium vorgelegte „Gesetz über die Verhältnisse der Juden". Die noch geltenden Sonderrechte in Neuvorpommern wurden aufgehoben und das Edikt von 1812 auf alle Gebiete der Monarchie, mit Ausnahme der Provinz Posen, ausgedehnt. Nunmehr bestand in ganz Vorpommern einheitliches Recht für Juden. Juden hatten weitgehend gleiche Rechte und Pflichten wie Christen, blieben aber auch fernerhin de facto von allen Staatsämtern ausgeschlossen."[43]

Während der folgenden Jahrzehnte nahm die Zahl der pommerschen Juden weiter zu und wuchs bis zum Jahre 1880 auf 13 886 an.[44] Auch der Anteil der in Vorpommern lebenden Juden nahm nun allmählich zu. In immer mehr Orten entstanden Synagogengemeinden. Bis 1887 waren in Pommern 56 Synagogengemeinden gegründet worden, 11 davon in Vorpommern. Die größte Gemeinde stellte Stettin mit 2 388 Mitgliedern, an zweiter und dritter Stelle folgten Pasewalk mit 242 und Stralsund mit 169 Mitgliedern. Weitere, kleinere Gemeinden bestanden in Anklam, Swinemünde, Gartz a. O., Greifswald, Demmin, Pölitz, Ueckermünde und Penkun.[45]

Doch trotz beträchtlicher Fortschritte in der Gesetzgebung seit 1812 blieb die rechtliche Benachteiligung der Juden weiter bestehen. Obwohl die Mehrheit der pommerschen Judenschaft bemüht war, sich in das gesellschaftliche Leben zu integrieren, stieß sie weiterhin auf Widerstand in ihrem christlichen Umfeld. Antisemitische und gegenrevolutionäre Strömungen nach 1848/49 drängten das liberale Emanzipationsdenken zurück und standen einer Vergrößerung des Handlungsraumes der Juden in den preußischen Provinzen entgegen. Erst das am 3. Juli 1869 erlassene Gesetz des Norddeutschen Bundes, das die politische und rechtliche Gleichheit aller Bürger, unabhängig von ihrem Religionsbekenntnis, deklarierte und mit der Reichsgründung 1871 zum Reichsgesetz erhoben wurde, brachte die rechtliche und politische Emanzipation der Juden faktisch zum Abschluss.[46]

---

42 Vgl.: Ebd.
43 Ebd., S. 28.
44 Vgl.: Kénez, Csaba: Geschichte des Judentums in Pommern, in: Pommern. Kunst – Geschichte – Volkstum, 8. Jg. (1970), Heft 1, S. 16.
45 Vgl.: Wilhelmus, Wolfgang: Aus der Geschichte der Juden in Vorpommern, in: Diekmann, Irene (Hrsg.): Wegweiser durch das jüdische Mecklenburg-Vorpommern. Im Auftrag des MMZ für europäisch-jüdische Studien, Bd. II, Potsdam 1998, S. 28.
46 Vgl.: Männchen, Julia: Der Antisemitismus seit der zweiten Hälfte des 19. Jahrhunderts in Deutschland, in: Der faschistische Pogrom vom 9./10. November 1938 – Zur Geschichte der Juden in Pommern, Wissenschaftliche Beiträge der Ernst-Moritz-Arndt-Universität Greifswald, Greifswald 1989, S. 19.

Obgleich mit diesem Gesetz auch die Situation der pommerschen Judenschaft erheblich verbessert wurde, setzte bereits wenig später ein Rückgang des jüdischen Bevölkerungsanteils in Pommern ein, der durch den Zuzug ostjüdischer Flüchtlinge nicht mehr ausgeglichen wurde. Diese Entwicklung „war wie anderswo verursacht durch die Abwanderung in die geistigen Zentren und industriellen Ballungsräume, nach Übersee sowie durch die weiter sinkende Geburtenrate. Auch der einsetzende moderne Antisemitismus wird zur Abwanderung von Juden aus den ländlichen Regionen beigetragen haben. Er hatte seine Ursachen in der traditionellen Judenfeindschaft, in der allgemeinen Krise des Deutschen Reiches im Jahrzehnt nach dem deutsch-französischen Krieg sowie in den Problemen beim Übergang zum modernen Kapitalismus."[47] Im Jahre 1900 war die Gesamtzahl der pommerschen Juden bereits auf 10 880 zurückgegangen, bis 1910 war sie weiter auf 8 862 gesunken. 1925 wurden schließlich noch 7 761 Juden in Pommern gezählt.[48] Zu berücksichtigen sind bei dieser Entwicklung neben der Abwanderung und der seit etwa 1890 zusehends rückläufigen Zuwanderungsrate aus dem Osten auch die Assimilanten, obgleich dazu keine Zahlen existieren, und die hohen Sterblichkeitsziffern.

Nach dem Ende des Ersten Weltkrieges, an dem auch über 100 000 deutsche Juden teilnahmen, von denen über 12 000 auf den Schlachtfeldern ihr Leben ließen[49], verbesserten sich in den Jahren der Weimarer Republik zwischen 1919 und 1933 die Lebensbedingungen der Juden in Deutschland. Ihre rechtliche Gleichstellung war in der Weimarer Verfassung festgeschrieben worden, sie konnten nun alle Staatsämter bekleiden und die jüdische Religionsgemeinschaft wurde den anderen Kirchen gleichgestellt. Ihr Anteil am wirtschaftlichen, kulturellen und wissenschaftlichen Leben wuchs weiter an.[50] Auch in Pommern verlief das Zusammenleben von Juden und Nichtjuden zumeist einvernehmlich. Die Assimilierung der eingesessenen Juden nahm stetig zu. Allerdings blieb die Zahl der in Pommern lebenden Juden auch in der Zeit der Weimarer Republik gering. „Von den 403 969 Juden, die 1925 in Preußen bei der Volkszählung erfasst wurden,

---

47 Wilhelmus, Wolfgang: Juden in Vorpommern, Schwerin 1996, S. 48 f.
48 Vgl.: Kénez, Csaba: Geschichte des Judentums in Pommern, in: Pommern. Kunst – Geschichte – Volkstum, 8. Jg. (1970), Heft 1, S. 17.
49 Vgl.: Wilhelmus, Wolfgang: Aus der Geschichte der Juden in Vorpommern, in: Diekmann, Irene (Hrsg.): Wegweiser durch das jüdische Mecklenburg-Vorpommern. Im Auftrag des MMZ für europäisch-jüdische Studien, Bd. II, Potsdam 1998, S. 29.
50 Vgl.: Frankiewicz, Bogdan / Wilhelmus, Wolfgang: Selbstachtung wahren und Solidarität üben. Pommerns Juden während des Nationalsozialismus, in: Heitmann, Margret / Schoeps, Julius H. (Hrsg.): „Halte fern dem ganzen Lande jedes Verderben..." Geschichte und Kultur der Juden in Pommern, Hildesheim 1995, S. 453.

wohnten [...] nur 7761 in Pommern."[51] Bis 1933 kam es zu einem weiteren Rückgang um 1 450 Personen. Im Juni 1933 wurden nur noch 6 317 Bürger jüdischen Glaubens in Pommern erfasst, davon lebten 2 365 in der Provinzhauptstadt Stettin, die übrigen in 46 pommerschen Städten und 90 Dörfern, zumeist in Hinterpommern.[52] Im vorpommerschen Regierungsbezirk Stralsund waren lediglich 322 Juden ansässig.[53]

Mit dem Aufstieg der Hitlerpartei in den letzten Jahren der Weimarer Republik nahm auch der Antisemitismus erheblich zu. Der Regierungsantritt Hitlers am 30. Januar 1933 bedeutete eine grundlegende Zäsur für die Juden in Deutschland. Bereits wenige Wochen danach kam es auch in Pommern zu antisemitischen Ausschreitungen gegen jüdische Geschäftsleute, Ärzte, Hochschullehrer, Studenten, Rechtsanwälte und Richter. Der erste landesweite Pogrom am 1. April 1933 traf hier ebenfalls zahlreiche jüdische Geschäfte, unter anderem in Stralsund, Greifswald, Anklam, Pasewalk und Stettin. Mitte der dreißiger Jahre nahmen die antisemitischen Aktionen der Nationalsozialisten immer drastischere Formen an. Mit dem am 15. September 1935 erlassenen Reichsbürgergesetz, gemäß dem nur Staatsangehörige „deutschen und artverwandten Blutes" als deutsche Reichsbürger gelten sollten, und dem darauf folgenden „Gesetz zum Schutze des deutschen Blutes", das Eheschließungen zwischen Juden und Staatsangehörigen „deutschen und artverwandten Blutes" untersagte, spitzte sich die Lage der Juden in Deutschland weiter zu. „Damit galt auch ein Christ oder Atheist als Jude, wenn er jüdische Eltern oder Großeltern hatte, selbst wenn diese nicht mehr der jüdischen Religionsgemeinschaft angehörten. Mit diesen Gesetzen wurden Juden praktisch unter Ausnahmerecht gestellt. Die diskriminierenden und zum Berufsverbot führenden Bestimmungen gegen „Nichtarier" wurden in der Folge weiter verschärft."[54] Auch die Situation der jüdischen Gemeinden in Pommern, die den zunehmenden Verlust von Mitgliedern aufgrund von Emigration und Abwanderung in die Großstädte zu verkraften hatten, wurde nun immer prekärer, zumal sie bereits seit 1933 keine staatlichen Zuschüsse mehr erhielten. Dennoch konnten sie teilweise

---

51 Wilhelmus, Wolfgang: Aus der Geschichte der Juden in Vorpommern, in: Diekmann, Irene (Hrsg.): Wegweiser durch das jüdische Mecklenburg-Vorpommern. Im Auftrag des MMZ für europäisch-jüdische Studien, Bd. II, Potsdam 1998, S. 30.
52 Vgl.: Thevoz, Robert / Branig, Hans / Lowenthal-Hensel, Cecile: Pommern 1934/35 im Spiegel von Gestapo-Lageberichten und Sachakten. Veröffentlichungen aus den Archiven Preußischer Kulturbesitz, Köln/Berlin 1974, Bd. 1, S. 168.
53 Vgl.: Silbergleit, Heinrich: Die Bevölkerungs- und Berufsverhältnisse der Juden im Deutschen Reich, Berlin 1930, S. 18 f.
54 Wilhelmus, Wolfgang: Aus der Geschichte der Juden in Vorpommern, in: Diekmann, Irene (Hrsg.): Wegweiser durch das jüdische Mecklenburg-Vorpommern. Im Auftrag des MMZ für europäisch-jüdische Studien, Bd. II, Potsdam 1998, S. 30.

bis 1937 ihr Gemeindeleben einigermaßen aufrechterhalten und mit behördlicher Zustimmung noch Vorstandswahlen abhalten. Als 1938 mit der „Verordnung über die Anmeldung des Vermögens der Juden" die systematische Ausplünderung der Juden begann, wurden auch jene jüdischen Geschäftsleute, die ihre Unternehmen bis dato noch nicht verkauft oder aufgegeben hatten, dazu gezwungen oder enteignet. Am Ende des Jahres 1938 gab es in Pommern nach Berichten der pommerschen Landräte keine jüdischen Handelsgeschäfte und Handwerksbetriebe mehr.[55] Gemäß der Volkszählung vom Mai 1939 lebten in ganz Deutschland zu dieser Zeit noch 213 390 Juden, davon 3 329 in Pommern, halb so viele wie im Jahr 1933.[56]

„Als Himmler Ende Oktober 1938 überraschend alle in Deutschland lebenden polnischen Juden nach Polen abschieben ließ, unter ihnen zahlreiche in Pommern lebende polnisch-jüdische Familien, worauf in Paris ein deutscher Diplomat erschossen wurde, war für die Hitlerführung der Anlass gegeben zu einer bis dahin in der neueren deutschen Geschichte nicht erlebten antisemitischen Terroraktion."[57] Zwischen dem 9. und 11. November 1938 wurden in ganz Deutschland unzählige jüdische Geschäfte demoliert, hunderte Synagogen und Friedhofsanlagen von Nationalsozialisten verwüstet und in Brand gesteckt. Auch in vielen pommerschen Städten wie Stettin, Stargard, Stralsund, Anklam, Pasewalk, Torgelow und Swinemünde gingen die Synagogen in Flammen auf. Im Zuge der gewalttätigen Ausschreitungen wurden zahlreiche jüdische Bürger misshandelt, verhaftet und in Konzentrationslager verschleppt. Die meisten wurden erst nach Wochen wieder freigelassen, unter der Bedingung, Deutschland umgehend zu verlassen. Zudem wurden alle Juden deutscher Staatsangehörigkeit verpflichtet, zwanzig Prozent von ihrem Vermögen über 5000 Mark in vier Raten bis zum 15. August 1939 an die Staatskasse zu zahlen.[58]

In der Nacht vom 11. zum 12. Februar 1940 verschleppten Gestapo und SS über 1 100 Juden aus Stettin und anderen Orten des Regierungsbezirkes Stettin wie Anklam, Altdamm, Greifswald, Heringsdorf, Löcknitz, Pasewalk und Wolgast. Sie wurden zum Stettiner Güterbahnhof gebracht und dann per Bahn abtransportiert. „In der Meldekartei des Ausländeramtes wurde bei jeder Person die Notiz

---

55 Vgl.: Frankiewicz, Bogdan: Das Schicksal der Juden in Pommern nach 1933, in: Der faschistische Pogrom vom 9./10. November 1938 – Zur Geschichte der Juden in Pommern, Wissenschaftliche Beiträge der Ernst-Moritz-Arndt-Universität Greifswald, Greifswald 1989, S. 45.
56 BArch, R 1509 / 2161, S. 8.
57 Wilhelmus, Wolfgang: Aus der Geschichte der Juden in Vorpommern, in: Diekmann, Irene (Hrsg.): Wegweiser durch das jüdische Mecklenburg-Vorpommern. Im Auftrag des MMZ für europäisch-jüdische Studien, Bd. II, Potsdam 1998, S. 31.
58 Vgl.: Wilhelmus, Wolfgang: Juden in Vorpommern, Schwerin 1996, S. 75.

„Abgemeldet 13.2.1940 nach Lublin" vermerkt."[59] Mit diesem ersten Transport wurde etwa ein Drittel der noch in Pommern lebenden Juden gen Osten deportiert. Schon während des viertägigen Transportes kamen viele Alte und Kranke durch Kälte und Schwäche ums Leben. Nach der Ankunft in Lublin erfolgte der Weitertransport nach Piaski, Glusk und Belzyce.[60] Im März 1940 waren bereits 230 Personen, etwa zwanzig Prozent der Verschleppten, verstorben.[61] „Bis zum Mai 1942 kamen noch Nachrichten der pommerschen Juden aus den Deportationsorten in Polen. Dann wurden die arbeitsfähigen Männer aus den Ghettos in Konzentrationslager gebracht, wo fast alle ermordet wurden. Die zurückgebliebenen Alten, Frauen und Kinder wurden in Belzyce konzentriert und größtenteils in der Nacht des 28. Oktober 1942 grauenvoll umgebracht."[62]

Schon kurze Zeit nach der Abfertigung des ersten Transportes erfolgten in ganz Pommern weitere Verhaftungen und Deportationen. So verschleppte die Gestapo im Regierungsbezirk Schneidemühl bis März 1940 insgesamt 340 Juden. Einzelne Verhaftungen fanden noch im Jahre 1942 statt. Die Verschleppten wurden meistens mit sogenannten Anschlusstransporten in die Vernichtungslager deportiert und dort ermordet. „Ende November 1942 erfassten die Staatspolizeileitstellen noch 179 Juden in Pommern, davon 79 in Stettin und 27 in Stolp. In vier pommerschen Städten und Gemeinden lebten noch jeweils zwischen fünf und neun und in 33 Orten zwischen einem und vier Juden."[63] Einigen gelang es, sich in den folgenden Jahren mit der Unterstützung von Nichtjuden in Pommern versteckt zu halten, andere konnten als „Halbjuden" oder in „Mischehe" lebend der Deportation entgehen.

Nach dem Zusammenbruch des NS-Regimes im Frühjahr 1945 lebten in Deutschland nur noch wenige Juden. Gemäß einer Aufstellung der neuen Lan-

---

59 Frankiewicz, Bogdan: Das Schicksal der Juden in Pommern nach 1933, in: Der faschistische Pogrom vom 9./10. November 1938 – Zur Geschichte der Juden in Pommern, Wissenschaftliche Beiträge der Ernst-Moritz-Arndt-Universität Greifswald, Greifswald 1989, S. 49.
60 Vgl.: Frankiewicz, Bogdan / Wilhelmus, Wolfgang: Selbstachtung wahren und Solidarität üben. Pommerns Juden während des Nationalsozialismus, in: Heitmann, Margret / Schoeps, Julius H. (Hrsg.): „Halte fern dem ganzen Lande jedes Verderben ..." Geschichte und Kultur der Juden in Pommern, Hildesheim 1995, S. 465 f.
61 Vgl.: Wilhelmus, Wolfgang: Aus der Geschichte der Juden in Vorpommern, in: Diekmann, Irene (Hrsg.): Wegweiser durch das jüdische Mecklenburg-Vorpommern. Im Auftrag des MMZ für europäisch-jüdische Studien, Bd. II, Potsdam 1998, S. 32.
62 Frankiewicz, Bogdan / Wilhelmus, Wolfgang: Selbstachtung wahren und Solidarität üben. Pommerns Juden während des Nationalsozialismus, in: Heitmann, Margret / Schoeps, Julius H. (Hrsg.): „Halte fern dem ganzen Lande jedes Verderben ..." Geschichte und Kultur der Juden in Pommern, Hildesheim 1995, S. 467.
63 Wilhelmus, Wolfgang: Aus der Geschichte der Juden in Vorpommern, in: Diekmann, Irene (Hrsg.): Wegweiser durch das jüdische Mecklenburg-Vorpommern. Im Auftrag des MMZ für europäisch-jüdische Studien, Bd. II, Potsdam 1998, S. 33.

desregierung waren es im Januar 1947 in Mecklenburg-Vorpommern zwischen 150 und 200 Personen. Viele davon waren Überlebende der Konzentrationslager, andere hatten im Untergrund verborgen oder in „Mischehen" überlebt und einige waren aus der Emigration zurückgekehrt. Jene, die dort blieben, „standen [...] häufig der sozialistischen Bewegung nahe, hatten meist wenig Kontakt zu den neugegründeten Religionsgemeinschaften und hofften auf eine Entwicklung im Osten Deutschlands, die konsequent mit dem NS-Regime abrechnen und den schwergeprüften Juden eine neue Heimstatt bieten würde."[64] Ende des Jahres 1946 konstituierte sich ein Vorbereitender Ausschuss zur Bildung einer jüdischen Kultusvereinigung Mecklenburg-Vorpommern. Diese Kultusvereinigung sollte neben kulturellen Tätigkeiten und der Schaffung neuer jüdischer Gemeinden den ehemaligen Besitz der jüdischen Gemeinden in Mecklenburg-Vorpommern sichern und für Rückforderungen verlorengegangener Vermögenswerte der Mitglieder eintreten.[65] Zudem wollte sie sich für die Gründung einer Landesgemeinde engagieren. 1947 fand sich die Jüdische Landesgemeinde Mecklenburg-Vorpommern mit Sitz in Schwerin zusammen. Sie zählte im Oktober 1948 98 Mitglieder, zwei Jahre später gehörten ihr nur noch 68 Personen an. Weitere 22 in Vorpommern lebende Personen hatten sich 1950 bei der Jüdischen Landesgemeinde gemeldet, davon waren jedoch nur acht in Vorpommern geboren worden.

Auf Initiative des Vorbereitenden Ausschusses zur Bildung der jüdischen Kultusvereinigung gaben die Städte und Gemeinden des Landes Mecklenburg-Vorpommern im Sommer 1947 eine erste Zusammenstellung des ehemaligen jüdischen Besitzes heraus. Zwar erhielten daraufhin die Synagogengemeinden ihre Grundstücke meist zurück, durch Enteignung und Arisierung geraubte Vermögenswerte wurden jedoch nicht zurückgegeben, sondern blieben, nachdem sie den neuen „Inhabern" im Zuge der Entnazifizierung wieder genommen worden waren, in Staatsbesitz. Nur wenige Zeugnisse jüdischen Lebens, jüdischer Geschichte und Kultur in Pommern hatten die antisemitischen Ausschreitungen und Kriegseinwirkungen überdauert. „Einige kleinere jüdische Synagogengebäude hatten die NS-Zeit überstanden, weil sie schon vor der Pogromnacht 1938 verkauft oder wegen übergreifender Brandgefahr nicht angezündet oder rechtzeitig gelöscht worden waren."[66] Auch viele jüdische Friedhöfe bestanden noch, waren aber zum Teil stark beschädigt und wurden „lange Zeit vernachlässigt, weil die Angehörigen

---

64 Wilhelmus, Wolfgang: Juden in Vorpommern, Schwerin 1996, S. 83.
65 Vgl.: Ebd., S. 84.
66 Frankiewicz, Bogdan / Wilhelmus, Wolfgang: Selbstachtung wahren und Solidarität üben. Pommerns Juden während des Nationalsozialismus, in: Heitmann, Margret / Schoeps, Julius H. (Hrsg.): „Halte fern dem ganzen Lande jedes Verderben ..." Geschichte und Kultur der Juden in Pommern, Hildesheim 1995, S. 469.

der dort Beigesetzten nicht mehr existierten oder im Ausland lebten und der Staat sich nicht verantwortlich fühlte."[67]

Es muss in diesem Zusammenhang konstatiert werden, „dass es staatlicherseits durch die damalige Regierung der DDR niemals ernsthafte Bemühungen gegeben hat, jüdische Gemeinden im religiösen Sinne wiedererstehen zu lassen und entsprechend zu fördern. [...] Im Gesamtverständnis der DDR-Regierung waren Juden zwar Teil des staatlich gepflegten Antifaschismuserbes, ihre religionsgeschichtliche Entwicklung, die im Kontext der gesellschaftlichen Entwicklung letztlich zum Anlass für die flächendeckende Vernichtung eines Volkes durch ein politisches Programm herhalten musste, wurde jedoch weitestgehend unbeachtet gelassen. So war es erst durch die politische Wende, die Neugründung des Landes Mecklenburg-Vorpommern und das zwischen der Bundesregierung und den Nachfolgestaaten der ehemaligen Sowjetunion vereinbarte Abkommen über die Ansiedlung von Kontingentflüchtlingen möglich, dass eine neue, lebendige Gemeinde in Mecklenburg-Vorpommern wiedererstand."[68] Im November 1992 erfolgte in Rostock die Neugründung der Jüdischen Landesgemeinde in Mecklenburg-Vorpommern. Aufgrund der anhaltenden Zuwanderung aus Osteuropa konstituierten sich 1994 zwei eigenständige Gemeinden in Rostock und Schwerin. Bis 1998 stieg die Zahl der Rostocker Gemeindemitglieder auf 231, die Schweriner Gemeinde zählte insgesamt 315 Mitglieder.[69] Vier Jahre später lebten in Mecklenburg-Vorpommern durch weitere Zuwanderung bereits 1300 Juden.[70] Ob jüdisches Leben hier auch langfristig wieder möglich sein wird, ist jedoch nicht nur von der Zuwanderung von Juden abhängig, sondern ebenso von der Auseinandersetzung mit der deutsch-jüdischen Vergangenheit und der Haltung der Einheimischen gegenüber der jüdischen Geschichte und Kultur.

---

67 Wilhelmus, Wolfgang: Juden in Vorpommern, Schwerin 1996, S. 87.
68 Bunimov, Valeriy: Jüdisches Leben in Mecklenburg-Vorpommern heute, in: Diekmann, Irene (Hrsg.): Wegweiser durch das jüdische Mecklenburg-Vorpommern. Im Auftrag des MMZ für europäisch-jüdische Studien, Bd. II, Potsdam 1998, S. 513.
69 Vgl.: Ebd., S. 514.
70 Vgl.: Wilhelmus, Wolfgang: Geschichte der Juden in Pommern, Rostock 2004, S. 244.

3. Die pommersche Stadt Pasewalk – ein historischer Abriss

Die im äußersten Nordosten Deutschlands gelegene, rund 12 000 Einwohner zählende Kreisstadt Pasewalk war in ihrer wechselvollen Geschichte „mit Unterbrechungen fast 800 Jahre Bestandteil Pommerns"[71] und gehört zu den ältesten Niederlassungen in diesem Raum.[72]

Wann die Stadt Pasewalk, deren Name in alten Dokumenten auch in etlichen Abwandlungen wie Pozdewolk, Pozwolch, Pozowalc, Posewalc, Poswalk oder Paswalch[73] erscheint, gegründet worden ist, kann allerdings nicht exakt bestimmt werden. „Unbestritten erscheint sie erst spät, im Jahre 1160, wo die Burg Pasewalk als pommersches Eigentum genannt wird."[74] Ein Jahrhundert später, in einer Urkunde vom 8. August 1276, wird Pasewalk durch den Bischof von Cammin erstmalig als „Stadt" bezeichnet. Eine Besiedlung Pasewalks fand jedoch schon sehr früh statt, wie zahlreiche Bodenfunde aus dem Pasewalker Raum belegen. So lassen Grabungen an über 80 Fundplätzen darauf schließen, dass bereits seit dem Mesolithikum, der Mittleren Steinzeit (9000 – 4000 v. Chr.), Menschen in dieser Gegend siedelten.

Zur Zeit der Völkerwanderung ließen sich slawische Völkerschaften, u. a. die Liutizen, westlich der Oder nieder, deren Teilstamm der Ukranen im Pasewalker Raum ansässig wurde. Diese frühen Bewohner Pasewalks prägten auch den Namen der Stadt, in deren zweiter Silbe „walc" oder „wolc" das slawische Wort „wilk" vermutet wird, das „Wolf" bedeutet.[75] In Anlehnung daran übersetzten verschie-

---

71 Brose, Wolfgang / Hondelet, Uwe: Pasewalk. Kulturhistorische und heimatgeschichtliche Beiträge, Pasewalk 1991, S. 5.
72 Vgl.: Klose, Fritz: Pasewalk, die alte Ueckerstadt, in: Unser Pommernland, Monatsschrift für das Kulturleben der Heimat, Sonderheft Pasewalk, Heft 1, Stettin 1926, S. 1.
73 Vgl.: Pasewalk, in: Berghaus, Heinrich: Landbuch des Herzogthums Stettin, von Kamin und Hinterpommern oder des Verwaltungsbezirks der Königlichen Regierung zu Stettin, 1. Bd., Anklam/Berlin 1865, S. 841 f.
74 Hückstädt, Ernst: Geschichte der Stadt Pasewalk von der ältesten bis auf die neueste Zeit, Pasewalk 1883, S. 3.
75 Vgl.: Haase, Kurt: Geschichte der Stadt Pasewalk im Überblick, in: Vollack, Manfred (Hrsg.): Der Kreis Ueckermünde bis 1945. Ein pommersches Heimatbuch, Husum 1992, S. 466.

dene Autoren den Ortsnamen u. a. als „Wolfsstadt"[76], „Burg des Wolf"[77] oder „Ring des Wolfes."[78]

Während die Bedeutung des Ortsnamens nicht zweifelsfrei zu klären ist, kann mit großer Sicherheit konstatiert werden, „dass schon mindestens um das Jahr 1000 n. Chr. eine slawische Burganlage auf der Gemarkung des heutigen Pasewalk bestanden haben muss, die schon damals zwischen der Mark und dem späteren Pommern umstritten war."[79] Allerdings ist die einstige Lage dieses Burgkomplexes bis heute nicht eindeutig zu rekonstruieren. Die Entwicklung des Ortes vom slawischen Burgflecken zur Ackerbürgerstadt vollzog sich über einen langen Zeitraum und war, bedingt durch seine Lage am Nordrand der Uckermark, seit dem 10. und 11. Jahrhundert eng verknüpft mit den Eroberungsbestrebungen polnischer, pommerscher, mecklenburgischer, dänischer und deutscher Fürsten.

Mit dem Sieg des Herzogs Boleslaw III. Schiefmund von Polen über die an der Ostsee siedelnden Pomeranen unter ihrem Herzog Wartislaw I. im Jahre 1119 wurde das polnische Einflussgebiet bis zur Oder ausgedehnt.[80] Dies hatte auch die Christianisierung des neu eroberten Gebietes zur Folge, die der Bischof Otto von Bamberg im Auftrag des polnischen Herzogs in den Jahren 1124 und 1125 durchführte. Auf dem Landtag zu Usedom im Jahre 1128 wurden die ersten pommerschen Adligen, darunter auch Wartislaw I., von Bischof Otto von Bamberg getauft.[81] Im Zuge dessen kam es unter dem Einfluss Ottos zu einer Aussöhnung zwischen dem polnischen Herzog und Wartislaw I., dessen Herrschaftsbereich mittlerweile bis in das Gebiet der Liutizen westlich der Oder reichte und der bereits um 1120 auch das Land der Ukranen mit Pasewalk eingenommen hatte. Nach dem Landtag zu Usedom gewann das Christentum im pommerschen Raum zunehmend an Bedeutung. In den folgenden Jahren entstanden „als Zeugen dieser Zeit vielerorts Kirchen und Dome [...], wie in Pasewalk die Marien- und die Nikolaikirche."[82]

---

76 Asmus: Die Geschichte Pasewalks, in: Pasewalk und die Gemeinde Torgelow, hrsg. unter Mitwirkung des Magistrats Pasewalk, Leipzig 1929, S. 4.
77 von Albedyll, K.: Die Stadt Pasewalk, in: Kreis Ueckermünde. Das Heimatbuch des Kreises, hrsg. vom Kreisausschuss des Kreises Ueckermünde, Magdeburg 1935, S. 100.
78 Borth, Sibylle / Brose, Wolfgang / Giermann, Kurt / Wieland, Artur (Hrsg.): Pasewalk, Erfurt 1999, S. 7.
79 Haase, Kurt: Geschichte der Stadt Pasewalk im Überblick, in: Vollack, Manfred (Hrsg.): Der Kreis Ueckermünde bis 1945. Ein pommersches Heimatbuch, Husum 1992, S. 466.
80 Vgl.: Ebd.
81 Vgl.: Klose, Fritz: Pasewalk, die alte Ueckerstadt, in: Unser Pommernland, Monatsschrift für das Kulturleben der Heimat, Sonderheft Pasewalk, Heft 1, Stettin 1926, S. 1.
82 Krüger, Egon: Pasewalk in Pommern, in: Heimatheft des Landkreises Pasewalk 1993, hrsg. von der Kreisverwaltung Pasewalk, Pasewalk 1993, S. 62.

Im Jahre 1136 belehnte der am 13. September 1125 von den Fürsten des Reiches zum Kaiser gewählte Lothar von Sachsen den bisherigen Markgraf in der Lausitz, Albrecht den Bären, mit der Nordmark und erkannte zugleich die Gebiete zu beiden Seiten des Peenestroms bis ans Haff und zur Uecker als zur Mark gehörig an.[83] Zur selben Zeit starb Herzog Wartislaw I. von Pommern und dessen Bruder Ratibor übernahm die Herrschaft über das Herzogtum. „Die nachfolgend regierenden Herzöge Kasimir I. und Bogislaw I. wurden 1164 Gefolgsleute Heinrichs des Löwen und 1180 mit Pommern belehnt."[84] In einem Dokument vom 18. April 1177 wurde durch Herzog Bogislaw I. erstmalig eine Marktkirche in „Pozdewolc" erwähnt. Hierbei handelt es sich um die erste urkundliche Erwähnung Pasewalks als slawische Siedlung.[85] Die Nennung einer Marktkirche in Pasewalk lässt zugleich darauf schließen, dass „in diesem Ort also ein Markt abgehalten wurde. Das entspräche auch der allgemeinen Entwicklung in Deutschland um 1200."[86] Mit ihrem seit 1276 urkundlich nachweisbaren Status als deutsche Stadt besaß Pasewalk die Magdeburgischen Stadtrechte und schloss sich frühzeitig dem Hansebund an.[87]

Nachdem Markgraf Albrecht der Bär die Städte Pasewalk und Stettin vorübergehend in seinen Besitz gebracht hatte, ging 1214 Pommern und damit auch Pasewalk in den Besitz des dänischen Königs Waldemar II. über. In Folge der Schlacht von Bornhöved (Holstein) im Jahr 1227 wurde die dänische Vormachtstellung an der Ostsee jedoch nachhaltig geschwächt. Die Niederlage Waldemars II. gegen deutsche Fürsten und Städte machten sich die pommerschen Herzöge zunutze, um sich von der dänischen Vorherrschaft zu lösen. Schließlich wurden im Jahre 1250 „die Uckermark und das Gebiet um Pasewalk im Vertrag von Landin (bei Schwedt/Oder) an den Markgrafen von Brandenburg abgetreten. Der Bischof von Cammin behielt aber seine geistlichen Rechte, d. h. Pasewalk blieb im Bistum Cammin."[88]

Doch auch nach 1250 blieben die Machtverhältnisse unstetig. Die Herrschaft über die kleine Grenzstadt Pasewalk wechselte häufig und erst mit dem Vertrag

---

83 Vgl.: Haase, Kurt: Geschichte der Stadt Pasewalk im Überblick, in: Vollack, Manfred (Hrsg.): Der Kreis Ueckermünde bis 1945. Ein pommersches Heimatbuch, Husum 1992, S. 466.
84 Brose, Wolfgang / Hondelet, Uwe: Pasewalk. Kulturhistorische und heimatgeschichtliche Beiträge, Pasewalk 1991, S. 5.
85 Vgl.: Haase, Kurt: Geschichte der Stadt Pasewalk im Überblick, in: Vollack, Manfred (Hrsg.): Der Kreis Ueckermünde bis 1945. Ein pommersches Heimatbuch, Husum 1992, S. 468.
86 Ebd.
87 Vgl.: Pasewalk, in: Meyers Großes Konversations-Lexikon, Bd. 15, Leipzig/Berlin 1908, S. 476.
88 Haase, Kurt: Geschichte der Stadt Pasewalk im Überblick, in: Vollack, Manfred (Hrsg.): Der Kreis Ueckermünde bis 1945. Ein pommersches Heimatbuch, Husum 1992, S. 470.

von Grimnitz ging sie 1529 endgültig in den Besitz der Pommernherzöge über.[89] Die langwierigen politischen und kriegerischen Auseinandersetzungen um Pasewalk zwischen pommerschen und brandenburgischen Herrschern standen in engem Zusammenhang mit der Bedeutung des Ortes als Handelsstadt. Der Export von Getreide und dessen Nebenprodukten Mehl und Bier, die Erhebung von Zöllen und Wegegebühren sowie „die Kosten für Einlagerung, Umladung und Bereitstellung von Transportmitteln kamen den Einkünften der Stadt und ihrer Bewohner zugute. Dies war der Grund für das Aufblühen der Stadt und den wachsenden Wohlstand ihrer Bürger."[90] Zusätzlich begünstigt wurde der Entwicklungsaufschwung Pasewalks durch die zunehmende Ansiedlung von Bauern, Händlern, Handwerkern, Rittern und Mönchen seit dem 13. Jahrhundert und die zeitweilige Zugehörigkeit zur Hanse im 14. Jahrhundert.

Ungeachtet des fast dreihundert Jahre währenden Konflikts zwischen den Herzögen von Pommern und den Kurfürsten von Brandenburg entwickelte sich Pasewalk bis zum Beginn des 17. Jahrhunderts stetig und von den kriegerischen Auseinandersetzungen verhältnismäßig unberührt. Als mit Bogislaw XIV. 1637 der letzte Pommernherzog starb, sollte Pasewalk laut Erbfolgevertrag an Brandenburg fallen.[91] Durch die Folgen des Dreißigjährigen Krieges kam es jedoch nie zur Umsetzung dieses Vertrages. Der Dreißigjährige Krieg bedeutete eine grundlegende Zäsur für Pasewalk und seine Bürger und warf die Stadt in ihrer Entwicklung stark zurück.[92] In den Jahren 1628 bis 1630 wanderte in Folge der Einquartierung Kaiserlicher Truppen und der damit verbundenen Belastungen für die Zivilbevölkerung fast ein Drittel der Bewohner Pasewalks ab. Die Stadt wurde im Laufe der weiteren Kriegshandlungen mehrfach geplündert, gebrandschatzt und größtenteils zerstört. Sofern die Bewohner nicht umkamen, flohen sie aus der Stadt. Gegen Ende des Dreißigjährigen Krieges lebten hier lediglich noch fünfzig Menschen.[93]

Nachdem die pommersche Eigenstaatlichkeit aufgrund des Todes Bogislaws XIV. 1637 zu Ende gegangen war, „erhob der Kurfürst von Brandenburg Anspruch auf das Herzogtum Pommern. Aber die Truppen des Königreiches Schweden behiel-

---

89 Vgl.: Klose, Fritz: Pasewalk, die alte Ueckerstadt, in: Unser Pommernland, Monatsschrift für das Kulturleben der Heimat, Sonderheft Pasewalk, Heft 1, Stettin 1926, S. 4.
90 Haase, Kurt: Geschichte der Stadt Pasewalk im Überblick, in: Vollack, Manfred (Hrsg.): Der Kreis Ueckermünde bis 1945. Ein pommersches Heimatbuch, Husum 1992, S. 472.
91 Vgl.: Brose, Wolfgang / Hondelet, Uwe: Pasewalk. Kulturhistorische und heimatgeschichtliche Beiträge, Pasewalk 1991, S. 7.
92 Vgl.: Borth, Sibylle / Brose, Wolfgang / Giermann, Kurt / Wieland, Artur (Hrsg.): Pasewalk, Erfurt 1999, S. 8.
93 Vgl.: Krüger, Egon: Pasewalk in Pommern, in: Heimatheft des Landkreises Pasewalk 1993, hrsg. von der Kreisverwaltung Pasewalk, Pasewalk 1993, S. 63.

ten das Land besetzt. Beim Friedensschluss im Jahre 1648 blieb Vorpommern unter schwedischer Herrschaft, Brandenburg hatte das Nachsehen."[94] Damit geriet auch Pasewalk zunächst in schwedischen Besitz als Bestandteil Schwedisch-Vorpommerns. Als im Zuge des 1654 ausgebrochenen Schwedisch-polnischen Erbfolgekrieges im Jahre 1657 polnische Truppen nach Pommern vordrangen, wurde die Stadt Pasewalk erneut vollständig verwüstet.

Während des Nordischen Krieges, in dessen Verlauf Pasewalk 1714 von russischen Soldaten abermals geplündert wurde, eroberte Brandenburg-Preußen den östlichen Teil Vorpommerns bis zur Peene. So gelangte Pasewalk 1720 in preußischen Besitz. König Friedrich Wilhelm I. förderte den Wiederaufbau der Stadt und machte sie darüber hinaus zur Garnison des in Halberstadt aufgestellten Dragoner-Regiments von der Schulenburg. Im Jahre 1806 „erteilte König Friedrich Wilhelm III. dem Regiment den Namen „Regiment Königin-Dragoner". Diese ehrende Auszeichnung, die später auch auf das Kürassier-Regiment übertragen worden ist, führte zu einer engen Bindung der jeweiligen preußischen Königin zu Pasewalk bis zum Ende der Monarchie 1918."[95]

Im Zuge der preußischen Reformen konnte Pasewalk zudem einen Industrialisierungsschub verzeichnen, der die Entwicklung des Ortes begünstigte.[96] Die Einwohnerzahl stieg nun stetig. Lebten im Jahre 1740 noch 2401 Menschen in Pasewalk, zählte die Stadt 1777 bereits 3166 und 1831 5331 Einwohner.[97] In Folge der Erschließung des Gebietes durch den Eisenbahn- und Straßenbau in der zweiten Hälfte des 19. Jahrhunderts wuchs die Bedeutung Pasewalks als Warenumschlagplatz und wichtiger Durchfahrtsort für Reisende.

Gegen Ende des 19. Jahrhunderts wandelte sich nicht nur das Bild der Stadt durch zahlreiche Neubauten auch außerhalb der bisherigen Stadtbegrenzung, sondern auch die Bevölkerungsstruktur. „War Pasewalk bis dahin vor allem durch die Ackerbürger geprägt, traten nun Handwerk und Gewerbe im Wirtschaftgefüge mehr in den Vordergrund. Es entstanden kleine Fabriken und Betriebe, in denen ein Großteil der Einwohner Arbeit fand. Tabak-, Stärke- und Flockenfabriken,

---

94 Haase, Kurt: Geschichte der Stadt Pasewalk im Überblick, in: Vollack, Manfred (Hrsg.): Der Kreis Ueckermünde bis 1945. Ein pommersches Heimatbuch, Husum 1992, S. 482.
95 Ebd., S. 488.
96 Vgl.: Krüger, Egon: Pasewalk in Pommern, in: Heimatheft des Landkreises Pasewalk 1993, hrsg. von der Kreisverwaltung Pasewalk, Pasewalk 1993, S. 64.
97 Vgl.: Pasewalk, Kreis Ueckermünde, in: Keyser, Erich (Hrsg.): Deutsches Städtebuch, Handbuch städtischer Geschichte, im Auftrage der Konferenz der landesgeschichtlichen Kommissionen Deutschlands mit Unterstützung des Deutschen Gemeindetages, Bd. 1, Nordostdeutschland, Stuttgart/Berlin 1939, S. 209.

Gasanstalt sowie Großbrennereien entstanden ebenso wie metallverarbeitende Werke."[98]

Die Inflation von 1922/23 brachte diese positive Entwicklung jedoch zunächst zum Erliegen und stürzte einen beträchtlichen Teil der Pasewalker Bevölkerung in Arbeitslosigkeit und Armut. Nach dem Ende der Inflation erlebte der Ort eine gewisse wirtschaftliche Blütezeit und wurde im Zuge dessen weiter ausgebaut. Bis 1925 war die Zahl der Einwohner Pasewalks auf 11 751 gestiegen.[99] Der Ausbruch des II. Weltkrieges 1939 bedeutete allerdings eine erneute Zäsur in der Stadtentwicklung. Durch die Kriegseinwirkungen wurde Pasewalk schwer verwüstet. Über achtzig Prozent des Bestandes der Stadt wurde zu Beginn des Jahres 1945 in Folge der Bombardierung durch russische Flugzeuge zerstört.

Nach Kriegsende wurde die preußische Provinz Pommern aufgelöst. Zwei Drittel des Gebietes fielen an Polen, Mecklenburg und Vorpommern wurden zu Teilen der sowjetischen Besatzungszone. Mit der „sozialistischen Verwaltungsreform" wurde Vorpommern 1952 in die Bezirke Rostock, Neubrandenburg und Frankfurt/Oder aufgeteilt und Pasewalk als Kreisstadt dem Bezirk Neubrandenburg zugewiesen.[100]

Seit der Neubildung des Landes Mecklenburg-Vorpommern nach der Vereinigung Deutschlands 1990 ist Pasewalk wieder Teil Vorpommerns und in Konsequenz der Kreisreform von 1993 auch Kreissitz des Landkreises Uecker-Randow.

---

98 Borth, Sibylle / Brose, Wolfgang / Giermann, Kurt / Wieland, Artur (Hrsg.): Pasewalk, Erfurt 1999, S. 8.
99 Vgl.: Pasewalk, Kreis Ueckermünde, in: Keyser, Erich (Hrsg.): Deutsches Städtebuch, Handbuch städtischer Geschichte, im Auftrag der Konferenz der landesgeschichtlichen Kommissionen Deutschlands mit Unterstützung des Deutschen Gemeindetages, Bd. 1, Nordostdeutschland, Stuttgart/Berlin 1939, S. 209.
100 Vgl.: Krüger, Egon: Pasewalk in Pommern, in: Heimatheft des Landkreises Pasewalk 1993, hrsg. von der Kreisverwaltung Pasewalk, Pasewalk 1993, S. 65.

4. Die jüdische Gemeinde zu Pasewalk

4.1. Erste Spuren jüdischen Lebens in Pasewalk

Für den Raum Pasewalk sind Juden erstmals im frühen 14. Jahrhundert nachweisbar. In einer Urkunde vom 23. August 1320 übertrugen die pommerschen Herzöge Otto I. und Wartislaw IV. dem Rat der Stadt Pasewalk die Schutzherrschaft über die dortigen Juden, denen zugleich das Bürgerrecht zugesprochen wurde.[101] Nunmehr war es ihnen gestattet, „als Bürger auf Stadtrecht gleich den anderen Bürgern zu sitzen."[102] Nachdem es jedoch einige Jahre später Markgraf Ludwig dem Älteren von Brandenburg gelungen war, die Herrschaft über Pasewalk an sich zu bringen, betrachtete er die hier ansässigen Juden als seine Kammerknechte und forderte im Jahre 1343 von ihnen und den Prenzlauer Juden eine Jahressteuer in Höhe von zehn Mark Silber.[103] Über das Schicksal der Pasewalker Juden während der großen Pogrome im Gefolge des verheerenden Pestzuges um 1350 ist nichts bekannt.

Für die folgenden einhundert Jahre ist keine Nachricht über Juden in Pasewalk überliefert. Erst in einer Quelle aus der zweiten Hälfte des 15. Jahrhunderts kommen sie wieder zur Sprache. Erhalten ist ein Schreiben vom 9. Juli 1466, das der Rat der Stadt Pasewalk an den Bürgermeister und Rat von Stralsund richtete. Diesem Schreiben nach hatten sich zwei Pasewalker Juden beim Rat von Pasewalk darüber beschwert, „dass der Stralsunder Bürgermeister Matthias Darne sie als Bürgen genommen und aufgefordert hätte, 17 Gulden für ein Stück Leidener Tuch, das Meister Simon ihm, dem Bürgermeister, abgenommen hätte, zu bezahlen. Der Meister Simon sei erstens kein Pasewalker Jude, zweitens wären die beiden [...] Juden nicht seine Erben, woraus er hätte eine Haftpflicht herleiten können, drittens hätten die beiden sich nicht für ihn als Bürgen gestellt."[104] Daher forderte der Rat von Pasewalk den Stralsunder Bürgermeister auf, die beiden Juden aus der falschen Bürgschaft zu entlassen. Andernfalls würde der Rat beim Landesherren kla-

---

101 Vgl.: Grotefend, Ulrich: Geschichte und rechtliche Stellung der Juden in Pommern. Von den Anfängen bis zum Tode Friedrich des Großen, Marburg 1931, S. 36; Pasewalk, in: Avneri, Zwi (Hrsg.): Germania Judaica, 3 Bände, Bd. II, Von 1238 bis zur Mitte des 14. Jahrhunderts, 2. Halbband, Maastricht – Zwolle, Tübingen 1968, S. 646.
102 Grotefend, Ulrich: Geschichte und rechtliche Stellung der Juden in Pommern. Von den Anfängen bis zum Tode Friedrich des Großen, Marburg 1931, S. 36.
103 Vgl.: Pasewalk, in: Avneri, Zwi (Hrsg.): Germania Judaica, 3 Bände, Bd. II, Von 1238 bis zur Mitte des 14. Jahrhunderts, 2. Halbband, Maastricht – Zwolle, Tübingen 1968, S. 646.
104 Grotefend, Ulrich: Geschichte und rechtliche Stellung der Juden in Pommern. Von den Anfängen bis zum Tode Friedrich des Großen, Marburg 1931, S. 52 f.

gen. Dieses Schreiben ist durchaus bemerkenswert, setzte sich doch in diesem Fall der Rat einer Stadt entschieden für seine Juden ein.

Für die nächsten Jahrhunderte ist jedoch keinerlei Hinweis auf jüdisches Leben in Pasewalk greifbar. Erst im 19. Jahrhundert siedelten sich in Pasewalk wieder Juden an und die Stadt entwickelte sich allmählich zu einem der bedeutendsten Zentren jüdischen Lebens in Vorpommern. Noch im 18. Jahrhundert war es den Juden vom preußischen Herrscherhaus verboten worden, sich im südlichen Vorpommern niederzulassen und dort Handel zu treiben. Erst nach dem Erlass des Ediktes „betreffend die bürgerlichen Verhältnisse der Juden in dem Preußischen Staate" durch Friedrich Wilhelm III. im Jahre 1812 kam es zu einer verstärkten Zuwanderung von Juden in dieses Gebiet. Nun wurden auch in Pasewalk Juden ansässig. Bereits im Jahre 1812 registrierte die Stadt zwei Juden.[105] In den folgenden Jahren wuchs die Pasewalker Judenschaft zusehends. Erhalten ist eine „Nachweisung der jüdischen Einwohner in der Stadt Pasewalk vom Jahre 1816 bis zum Jahre 1832"[106], die diese Entwicklung dokumentiert. Lebten 1816 noch 32 Juden in Pasewalk, waren es 1820 bereits 57. Vier Jahre später war ihre Zahl weiter auf 94, bis 1828 auf 131 gestiegen. 1832 wurden schließlich 158 jüdische Personen in Pasewalk erfasst.[107] Diese Entwicklung ist aber weniger Resultat einer starken Zuwanderung, die im betreffenden Zeitraum mehrmals für einige Jahre stagnierte, sondern vielmehr einer hohen Geburtenrate. Von den 158 jüdischen Personen, die 1832 gezählt wurden, waren 112 Kinder. Die jüdischen Zuwanderer kamen mehrheitlich aus östlichen Gebieten. So werden in der Nachweisung allein fünf Personen – Jacob Samuel, Moses Lesfer, Marcus Aaron Havelburg, Moses Samuel und Schmuel Samuel – genannt, die aus Schwerin im Herzogtum Posen zugewandert waren.[108] Auch im Pasewalker Umland siedelten sich zunehmend Juden an, so in Ueckermünde im Jahre 1816 die Händler Hirsch Samuel Friedländer und David Joseph Sänger mit ihren Familien.[109]

---

105 Vgl.: Pasewalk, Kreis Ueckermünde, in: Keyser, Erich (Hrsg.): Deutsches Städtebuch, Handbuch städtischer Geschichte, im Auftrag der Konferenz der landesgeschichtlichen Kommissionen Deutschlands mit Unterstützung des Deutschen Gemeindetages, Bd. 1, Nordostdeutschland, Stuttgart/Berlin 1939, S. 210.
106 APS, 92 Regierung Stettin, Nr. 10596, o. S.
107 Ebd.
108 Ebd.
109 LA Greifswald, Rep. 38 b Ueckermünde, Nr. 2261, S. 15.

4.2. Die Gründung der Synagogengemeinde zu Pasewalk und ihre Entwicklung bis 1855

In Folge des anhaltenden Wachstums der Pasewalker Judenschaft konnte dort 1820 eine Synagogengemeinde gegründet werden[110], die seit dem 7. September 1821 auch über ein Gemeindestatut verfügte.[111] Unterzeichnet wurde es von Heimann Rosenbaum, Hirsch Friedländer, Michael Loewe, M. Benjamin, Abraham Jacoby, Moses Samuel, Marcus Aaron Havelburg, Jacob Samuel, Paisack Joseph Kohnke und Joel Joseph.[112]

Nachdem 1831 bereits 154 Juden in Pasewalk lebten, darunter 108 Kinder[113], bat der Vorstand der Pasewalker Synagogengemeinde 1832 die Stadtverwaltung, den Kauf eines Grundstückes für die Errichtung eines Bet- und Schulhauses sowie einer Badstube zu genehmigen.[114] Anfang 1834 wurde die Erlaubnis dazu durch den Königlichen Magistrat erteilt.[115] Als jedoch mit dem Bau begonnen wurde und alle Pasewalker Juden zu gleichen Teilen für die Kosten aufkommen sollten, kam es zu Streitigkeiten, in Folge derer sich die Gemeindemitglieder Joel Joseph, Abraham Jacoby, Jacob Liepman, Juda Joel und Jacob Samuel am 30. März 1834 bei der Königlichen Regierung zu Stettin wegen der Aufbringung der Baukosten beschwerten.[116] Sie verwiesen auf das Gemeindestatut von 1821, wonach jedes Gemeindemitglied nur entsprechend seinem Vermögen zu den Leistungen für die Gemeinde heranzuziehen sei und ersuchten den Magistrat, über die Einhaltung des Statuts zu wachen. Trotz dieser Unstimmigkeiten konnte am 23. Oktober 1834 die neu erbaute Synagoge in der Pasewalker Grabenstraße 3 feierlich eingeweiht werden. In einer Publikation von 1865 wurde sie beschrieben als „ein besonderes Gebäude auf der Hofstelle eines ebenfalls angekauften Bürgerhauses, in welchem sich jetzt die jüdische Religionsschule und die Wohnung des jüdischen Lehrers befindet."[117] Aus einem Versicherungsgutachten, das im Juli 1866 in Folge eines Brandschadens[118] an den Gemeindegebäuden erstellt wurde, erschließen sich auch

---

110 CJA, 1,75 A, Pa 3 Pasewalk, Nr. 39, S. 127.
111 APS, 92 Regierung Stettin, Nr. 10596, o. S.
112 Ebd.
113 Ebd.
114 Vgl.: Jehle, Manfred (Hrsg.): Die Juden und die jüdischen Gemeinden Preußens in amtlichen Enqueten des Vormärz, Teil II, München 1998, S. 790.
115 APS, 92 Regierung Stettin, Nr. 10596, o. S.
116 Ebd.
117 Pasewalk, in: Berghaus, Heinrich: Landbuch des Herzogthums Stettin, von Kamin und Hinterpommern oder des Verwaltungsbezirks der Königlichen Regierung zu Stettin, 1. Bd., Anklam/Berlin 1865, S. 771.
118 CJA, 1,75 A Pa 3 Pasewalk, Nr. 67, S. 3.

die Größe und der Wert dieser Gebäude.[119] So maß das Wohnhaus 40 Fuß in der Breite sowie 30 Fuß in der Tiefe und besaß einen Schätzwert von 1.000 Thalern. Das Badehaus war 18 Fuß breit und 14 Fuß tief und hatte einen Wert von 400 Thalern. Der Wert des 21 Fuß breiten und acht Fuß tiefen Stalls der Pasewalker Synagogengemeinde belief sich auf 60 Thaler. Die Synagoge schließlich besaß eine Größe von 41 x 30 Fuß und einen veranschlagten Wert von 2.000 Thalern.

Der Synagogenbau förderte den Zuzug weiterer Juden. Wurden gemäß einer Übersicht des Magistrats über die in der Stadt Pasewalk ansässigen Juden am 17. Dezember 1834 noch 22 jüdische Familien und zwei Lehrer ohne Anhang registriert, waren es im April des folgenden Jahres schon 27 Familien und zwei alleinstehende Lehrer.[120] Bis 1843 war die Pasewalker Gemeinde auf 226 Personen angewachsen, darunter befanden sich 89 Kinder, aber nur 12 Ältere über 60 Jahre.[121] Damit stellte die Pasewalker Synagogengemeinde im vorpommerschen Teil des Regierungsbezirks Stettin hinter der Stettiner Gemeinde, der mittlerweile 519 Juden angehörten, die zweitgrößte Gemeinde dar. Danach folgten die Gemeinde in Anklam mit 200 und die Demminer Gemeinde mit 99 Mitgliedern.[122] Bemerkenswert ist, dass noch in den Jahren 1843 bis 1846 vier der 226 Pasewalker Juden das Staatsbürgerrecht nicht besaßen. Erst zwischen 1847 und 1849 scheinen sie dieses erhalten zu haben[123], vermutlich noch im Jahre 1847, in dem der preußische König das vom preußischen Staatsministerium vorgelegte „Gesetz über die Verhältnisse der Juden" bestätigte, noch geltende Sonderregelungen aufgehoben wurden und Juden weitgehend die gleichen Rechte und Pflichten erhielten wie ihre christlichen Nachbarn.

Das Zusammenleben der Pasewalker Synagogengemeinde, die den Ruf einer modernen Gemeinde genoss[124], mit ihren christlichen Mitbürgern gestaltete sich Mitte des 19. Jahrhunderts offenbar recht einvernehmlich. 1849 wurden zwei Pasewalker Juden, die der demokratischen Richtung angehörten, zu Stadtverordneten gewählt.[125] Die Zahl der jüdischen Einwohner Pasewalks stieg bis 1855 weiter auf 286.[126] Zuzüglich der jüdischen Familien im Umland gehörten der Pasewalker Synagogengemeinde 1855 immerhin 318 Personen an.[127] Damit be-

---

119 Ebd., S. 6.
120 APS, 92 Regierung Stettin, Nr. 10757, o. S.
121 Ebd.
122 Ebd.
123 Ebd.
124 Vgl.: Der Orient, 10. Jg., Nr. 33 (18. Aug. 1849), S. 152.
125 Vgl.: Ebd.
126 APS, 92 Regierung Stettin, Nr. 10757, o. S.
127 Ebd.

fand sich die Pasewalker Judenschaft auf ihrem zahlenmäßig höchsten Stand. Im Zuge der Vergrößerung der Gemeinde legte letztere zu dieser Zeit auch einen eigenen Friedhof mit einer kleinen Kapelle an, direkt neben dem alten christlichen Friedhof in Pasewalk.[128] Außerdem verfügte die Pasewalker Synagogengemeinde um 1855 bereits über einen Wohltätigkeits-, einen Frauen- und einen Lichtverein sowie über eine Armenkasse, mit Hilfe derer man die bedürftigen Gemeindemitglieder unterstützte.[129] Auch eine dreistufige Religionsschule wurde Mitte des 19. Jahrhunderts eingerichtet.[130] Eine spezielle jüdische Schule, die nach dem Gesetz anstelle der christlichen Schulen besucht werden durfte, gab es hier jedoch nie, auch im übrigen Vorpommern nicht. So besuchten die jüdischen Kinder Pasewalks gemäß einer Anweisung der Stettiner Provinzialregierung vom 3. Dezember 1822, wonach „jüdische Kinder von 6 bis 14 Jahren schulpflichtig und dazu in den Gemeinden zu erfassen seien, sowie jährlich ihre schulische und religiöse Ausbildung festzustellen sei"[131], die christlichen Schulen in Pasewalk, erhielten aber darüber hinaus auch von der Synagogengemeinde initiierten Religionsunterricht.[132]

Mit dem Wachstum der Pasewalker Synagogengemeinde „erhob sich der Wunsch nach modernen, auch akademisch gebildeten Rabbinern."[133] Bereits seit 1848 hatte die Gemeinde, „der das Prädikat einer friedlichen gegeben werden kann, [...] in der Person eines Herrn Dr. Bendix einen Lehrer und Prediger."[134] Ein Jahr später scheint es jedoch zu Zwistigkeiten zwischen diesem und dem Pasewalker Chasan gekommen zu sein, die selbst die „Allgemeine Zeitung des Judenthums" dazu veranlassten, über den Disput zu berichten. „In Pasewalk [...] soll es ganz bunt hergehen; als Hauptursache wird ein Streit zwischen Prediger und Chasan angegeben; Letzterer hat nämlich bisher die Trauungen verrichtet, und dies Recht will der Erstere, weil er Prediger der Gemeinde, für sich beanspruchen; – und diese und ähnliche Lapalien sind's, die in P. und in vielen anderen Gemeinden die größ-

---

128 Vgl.: Krüger, Egon / Wilhelmus, Wolfgang: Pasewalk, in: Diekmann, Irene (Hrsg.): Wegweiser durch das jüdische Mecklenburg-Vorpommern. Im Auftrag des MMZ für europäischjüdische Studien, Bd. II, Potsdam 1998, S. 168.
129 Vgl.: Allgemeine Zeitung des Judenthums, 13. Jg., Nr. 26 (25. Juni 1849), S. 351; CJA, 1,75 A Pa 3 Pasewalk, Nr. 39, S. 127.
130 CJA, 1,75 A Pa 3 Pasewalk, Nr. 39, S. 127.
131 Wilhelmus, Wolfgang: Juden in Vorpommern im 19. Jahrhundert, in: Heitmann, Margret / Schoeps, Julius H. (Hrsg.): „Halte fern dem ganzen Lande jedes Verderben ..." Geschichte und Kultur der Juden in Pommern, Hildesheim 1995, S. 111.
132 Vgl.: Jehle, Manfred (Hrsg.): Die Juden und die jüdischen Gemeinden Preußens in amtlichen Enqueten des Vormärz, Teil II, München 1998, S. 799.
133 Neufeld, Siegbert: Juden in Pommern, in: Allgemeine Jüdische Wochenzeitung, hrsg. vom Zentralrat der Juden in Deutschland, Bonn (5. Jan. 1968), S. 3.
134 Allgemeine Zeitung des Judenthums, 13. Jg., Nr. 26 (25. Juni 1849), S. 351.

ten, mit aller Leidenschaft geführten Kämpfe hervorrufen."[135] Der Prediger Dr. Bendix scheint die Gemeinde in der Folge verlassen zu haben[136], denn aus dem Jahr 1851 liegt ein Vertrag zwischen der israelitischen Gemeinde zu Pasewalk und dem Rabbiner Dr. Wilhelm Wollfssohn aus Hildesheim vor, der nun als Prediger sowie als Religions- und Elementarlehrer in Pasewalk angestellt wurde.[137] Sein Jahresgehalt belief sich laut Vertrag auf 225 Reichsthaler und er war ausdrücklich auch für Trauungen zuständig. Der Vertrag war zunächst auf ein Jahr begrenzt, wurde jedoch in den folgenden Jahren immer wieder verlängert.[138] Erst 1862 verließ Wollfssohn Pasewalk und ging nach Kolberg, um dort als Religionslehrer zu wirken.[139]

Aus dem Jahr 1851, in dem Rabbiner Wollfssohn in Pasewalk eingestellt wurde, ist auch ein Vertrag zwischen der hiesigen Gemeinde und dem Kantor und Schächter Herrn Weisler aus Mislowitz erhalten, der das Amt des bisherigen Kantors B. Samuel übernahm.[140] Weisler erhielt für seine Arbeit ein jährliches Gehalt von 200 Reichsthalern „nebst freier Wohnung im Gemeindehause, in der Wohnung wie sie derselbe beim bisherigen Cantor B. Samuel gesehen, bestehend in einer Vorderstube und Schlafgemach neben derselben, und freier Heizung der Stube."[141] Allerdings blieb Weisler nicht lange in Pasewalk. Im März 1854 trat der Kantor und Schächter Marcus Cohn dessen Stelle an.[142] Er bezog das selbe Gehalt wie sein Vorgänger.

Der häufige Wechsel von Rabbinern und Kantoren war kein Phänomen, das nur die Synagogengemeinde zu Pasewalk betraf, sondern das auch bei anderen jüdischen Gemeinden Pommerns zu beobachten war. Sofern Rabbiner und Kantoren überhaupt angestellt waren – die meisten jüdischen Gemeinden in Pommern blieben klein und hatten keine eigenen Rabbiner – wechselten sie zumeist häufig, weil sie über kurz oder lang ein größeres Betätigungsfeld suchten oder eine lukrativere Stellung fanden.[143]

---

135 Ebd., 13. Jg., Nr. 46 (12. Nov. 1849), S. 653.
136 Vgl.: Brocke, Michael / Carlebach, Julius (Hrsg.): Biographisches Handbuch der Rabbiner. Teil I: Die Rabbiner der Emanzipationszeit in den deutschen, böhmischen und großpolnischen Ländern 1781–1871, Band 1, München 2004, S. 175.
137 CJA, 1,75 A Pa 3 Pasewalk, Nr. 40, S. 6 ff.
138 Ebd., S. 10.
139 Vgl.: Brocke, Michael / Carlebach, Julius (Hrsg.): Biographisches Handbuch der Rabbiner. Teil I: Die Rabbiner der Emanzipationszeit in den deutschen, böhmischen und großpolnischen Ländern 1781–1871, Band 2, München 2004, S. 916 f.
140 CJA, 1,75 A Pa 3 Pasewalk, Nr. 40, S. 8 ff.
141 Ebd.
142 Ebd., S. 27 ff.
143 Vgl.: Wilhelmus, Wolfgang: Geschichte der Juden in Pommern, Rostock 2004, S. 116.

4.3. Das Gemeindeleben in der zweiten Hälfte des 19. Jahrhunderts

Nachdem die staatliche Aufsichtsbehörde in Stettin am 30. Mai 1857 das vom Vorstand der Pasewalker Synagogengemeinde – M. S. Marcuse, E. Lehman und Ph. Steinberg – und den Repräsentanten – E. Samuel, H. Friedländer, M. Sternberg, M. Sänger, J. Joseph, N. Mathias und S. Salomon – unterzeichnete neue Statut der Pasewalker Gemeinde vom 15. Februar 1856 bestätigt hatte[144], gehörten der jüdischen Gemeinde nunmehr auch alle Juden an, die in den Dörfern Ferdinandshof, Wilhelmsburg, Belling, Rothenburg, Viereck, Coblenz, Krugsdorf, Neuenkruger Revier, Alt- und Neu-Rothemühl, Dargitz, Eichhof, Friedrichshagen, Hammelstall, Hammer a. Ü., Heinrichsruhe, Heinrichswalde, Jatznik, Liepe, Müggenburg, Sandförde, Sandkrug, Schönwalde, Stolzenburg, Fahrenwalde, Zerrenthin, Rossow und Löcknitz lebten.[145] Zwar waren in vielen dieser Orte gar keine Juden ansässig, aber die Aufzählung diente vor allem der Abgrenzung des Pasewalker Synagogenbezirks gegenüber den jüdischen Nachbargemeinden und sollte die Zahlung der Gemeindebeiträge gewährleisten, falls sich in den genannten Orten Juden niederließen. Eine solche Abgrenzung war zu diesem Zeitpunkt durchaus notwendig geworden, denn mittlerweile bestand in der nahe gelegenen Kleinstadt Ueckermünde eine eigene jüdische Gemeinde.

Wurden noch im Jahre 1819 lediglich fünf Juden in Ueckermünde erfasst[146], hatte sich ihre Zahl bis 1841 auf 55 erhöht.[147] Im Ueckermünder Umland lebten im selben Jahr weitere 73 Juden. Bereits am 4. April 1821 hatten vier Ueckermünder Juden einen Kultusverein gegründet. Ein von ihnen angemieteter Raum fungierte als Betstube. Zudem hatten sie einen kleinen Friedhof erworben.[148] Nach 1850 bildeten die Ueckermünder Juden gemeinsam mit Glaubensbrüdern aus den benachbarten Ortschaften eine eigene Gemeinde.[149] Aus dem Jahr 1860 ist ein Statut der Ueckermünder Synagogengemeinde erhalten, in dem das umliegende Einflussgebiet ebenfalls genau benannt ist.[150]

Die Löcknitzer Juden, die der Pasewalker Synagogengemeinde zunächst angeschlossen waren, bildeten, nachdem ihre Zahl groß genug war, vermutlich in 1880er

---
144 CJA, 1,75 A Pa 3 Pasewalk, Nr. 77/1, S. 1 ff. (siehe Anhang).
145 Ebd.
146 APS, 92 Regierung Stettin, Nr. 10501, o. S.
147 Ebd., Nr. 10757, o. S.
148 Vgl.: Bartelt, August: Geschichte der Stadt Ueckermünde und ihrer Eigentumsortschaften, Ueckermünde 1926, S. 393.
149 Vgl.: Ebd.
150 APS, 73 Oberpräsidium von Pommern, Nr. 4522, o. S.

Jahren eine „Filialgemeinde" der Pasewalker Gemeinde. „Beide Seiten, die Pasewalker und die Löcknitzer, vereinbarten vertraglich im September 1890, dass der damalige Pasewalker Rabbiner S. Grünfeld dreimal im Jahr den Gottesdienst in Löcknitz abhalten und regelmäßig den dortigen jüdischen Elementar- und Religionsunterricht durchführen werde."[151] Dieser Vertrag wurde unter den auf Grünfeld folgenden Rabbinern erneuert.

Nachdem die Pasewalker Synagogengemeinde bis zur Mitte des 19. Jahrhunderts stetig gewachsen war, setzte bereits 1858 eine rückläufige Entwicklung ein, „wie anderenorts verursacht durch die Abwanderung in die Großstädte oder Auswanderung nach Amerika sowie durch die sinkende Geburtenrate."[152] In diesem Jahr ging die Zahl der jüdischen Einwohner Pasewalks erstmals zurück, zunächst aber nur geringfügig auf 284.[153] Bis 1861 stagnierte sie, um in den folgenden Jahren allmählich weiter zu sinken. So wurden im Jahre 1887 nur noch 242 Juden in Pasewalk registriert[154] und bis 1900 war ihre Zahl auf 162 geschrumpft.[155]

Der häufige Wechsel von Rabbinern und Kantoren in Pasewalk setzte sich indes fort. Nach dem Weggang des Kantors und Schächters Marcus Cohn hatte H. Silberstein dessen Amt Ende der 1850er Jahre übernommen. Im März 1859 beschwerte sich Silberstein beim Gemeindevorstand, dem zu dieser Zeit M. Marcuse, E. Lehman und Ph. Steinberg angehörten[156], über seine Wohnsituation. „Der Fußboden meiner Hinterstube ist in einem solchen schlechten Zustande, daß das Zimmer fast unbewohnbar ist. Obwohl dasselbe schon im vergangenen Sommer von der Baucomission in Augenschein genommen wurde, so ist die Instandsetzung bis jetzt doch nicht erfolgt."[157] Dieser Bitte um Behebung der Schäden wird wohl entsprochen worden sein, denn Silberstein blieb zunächst in Pasewalk, kündigte jedoch am 9. Januar 1861, „da es mir unmöglich ist, mit meinem geringen Einkommen hier auszukommen."[158] Bereits zwei Tage später suchte der Vorstand der Synagogengemeinde über die „Allgemeine Zeitung des Judenthums" einen neuen Schächter und Kantor.[159] „Hierauf Reflectirende wollen sich unter Beifügung ih-

---

151 Wilhelmus, Wolfgang: Geschichte der Juden in Pommern, Rostock 2004, S. 116.
152 Krüger, Egon / Wilhelmus, Wolfgang: Juden in Pasewalk und Umgebung, in: Heitmann, Margret / Schoeps, Julius H. (Hrsg.): „Halte fern dem ganzen Lande jedes Verderben ..." Geschichte und Kultur der Juden in Pommern, Hildesheim 1995, S. 177.
153 APS, 92 Regierung Stettin, Nr. 10757, o. S.
154 Vgl.: Wilhelmus, Wolfgang: Juden in Vorpommern, Schwerin 1996, S. 48.
155 Vgl.: Pasewalk, in: Meyers Großes Konversations-Lexikon, Bd. 15, Leipzig/Berlin 1908, S. 476.
156 CJA, 1,75 A Pa 3 Pasewalk, Nr. 77/1, S. 18.
157 Ebd., Nr. 40, S. 42.
158 Ebd., S. 54.
159 Vgl.: Allgemeine Zeitung des Judenthums, 25. Jg., Nr. 4 (22. Jan. 1861), S. 56; Allgemeine Zeitung des Judenthums, 25. Jg., Nr. 5 (29. Jan. 1861), S. 70; Allgemeine Zeitung des Judenthums, 25. Jg., Nr. 6 (5. Feb. 1861), S. 84.

rer Zeugnisse portofrei beim Vorstand melden; Diejenigen, die einen Chor leiten können, werden bevorzugt. Das Gehalt beträgt jährlich circa 300 Thaler nebst freier Wohnung. Reisekosten werden nicht erstattet."[160] Offenbar verfügte die Pasewalker Synagogengemeinde zu dieser Zeit also über einen Chor oder beabsichtigte die Bildung eines solchen.

Im September des folgenden Jahres kündigte nach elfjährigem Wirken auch der Pasewalker Rabbiner Wilhelm Wollfssohn: „In Folge meiner, per Telegraph mir zugegangenen, erfolgten Wahl zum Prediger der Gemeinde in Colberg sehe ich mich genöthigt, dem Wohllöblichen Vorstande schleunigst Anzeige darüber zu machen und denselben ergebenst zu bitten, meinem zum 1. October nothwendigen Verlassen der hiesigen Stelle nicht [...] entgegen zu treten."[161] Wollfssohns Nachfolge als Prediger und Religionslehrer trat am 1. November 1862 der Rabbinatskandidat Moses Gabriel Alifeld aus Schlüchtern an.[162] Sein jährliches Gehalt betrug laut Vertrag 300 Thaler. Da Alifeld jedoch eine achtköpfige Familie zu versorgen hatte[163] und seine Frau Sarchen[164] zudem an einer Hormonschwäche litt[165], fiel es ihm offenbar schwer, mit dem vertraglich fixierten Gehalt auszukommen, wie einem auf den 13. Oktober 1863 datierten Bittschreiben Alifelds um Gehaltserhöhung an den Vorstand der Pasewalker Synagogengemeinde zu entnehmen ist. Eindringlich schildert er hier seine beklemmende finanzielle Lage und bekennt offen, „im Laufe dieses Jahres mitunter fast Noth gelitten"[166] zu haben. Wie der Gemeindevorstand in dieser Sache verfuhr, geht aus den Akten nicht hervor. Jedoch verblieb Alifeld, dessen Vertrag zunächst auf zwei Jahre befristet war, bis 1867 in Pasewalk.[167] Hier trat er auch dem örtlichen Männergesangsverein bei. Dazu sei ein Artikel aus der „Allgemeinen Zeitung des Judenthums" vom 23. November 1864 zitiert, der Alifelds Wirken im Pasewalker Gesangsverein dokumentiert: „Lebhaft besprochen wird ein Vorfall, der sich hier [in Pasewalk] vor kurzem bei einem Begräbniß ereignete. Der Vater des Dirigenten des hiesigen Männergesangvereins war gestorben, und der Verein beschloß, aus Hochachtung für seinen Leiter am Grabe des Verstorbenen zu singen. Nach Einsenkung der Leiche ließ der Superintendent Fischer, der dieselbe begleitet hatte, von den An-

---

160 Allgemeine Zeitung des Judenthums, 25. Jg., Nr. 4 (22. Jan. 1861), S. 56.
161 CJA, 1,75 A Pa 3 Pasewalk, Nr. 40, S. 101.
162 Ebd., S. 115.
163 Ebd., S. 320.
164 Vgl.: Brocke, Michael / Carlebach, Julius (Hrsg.): Biographisches Handbuch der Rabbiner. Teil I: Die Rabbiner der Emanzipationszeit in den deutschen, böhmischen und großpolnischen Ländern 1781–1871, Band 1, München 2004, S. 141.
165 CJA, 1,75 A Pa 3 Pasewalk, Nr. 40, S. 122.
166 Ebd., S. 122 RS.
167 Ebd., S. 315.

wesenden durch Vorsagen mehrere gänzlich christliche Lieder singen. Nach Beendigung derselben trat der Superintendent Fischer auf den Gesangverein zu und fragte mit lauter Stimme: „Wo ist der jüdische Rabbiner?" – Als der Begehrte, Dr. Alifeld, welcher Mitglied des Vereins ist, einen Schritt vortrat und erwiderte: „Hier bin ich!" fragte der Superintendent denselben so laut, daß es von allen Anwesenden gehört werden konnte: „Glauben Sie denn, was Sie hier gesungen haben?" Und der Dr. Alifeld, ein ruhiger und besonnener Mann, antwortete, der Heiligkeit des Ortes und der eben beendeten feierlichen Handlung gedenkend, nur: „Ja, was ich hier gesungen habe, das glaube ich." – Das Urtheil über jene mindestens an so heiliger Stätte höchst unpassende Frage war bei allen Anwesenden ein übereinstimmendes, und man dankt es der Mäßigung des Dr. A., daß ein größeres Aergerniß verhütet ward. (So richtig dies auch ist, frägt es sich doch, ob es ganz angemessen ist, daß ein jüdischer Geistlicher Mitglied eines Gesangvereins ist?"[168]

Im September 1866 stellte die Pasewalker Synagogengemeinde einen neuen Kantor, Schächter und Vorbeter, Dr. M. Moses aus Breslau, ein, der ein jährliches Gehalt von 150 Thalern nebst freier Wohnung bezog.[169] Ein halbes Jahr später, im April 1867, kündigte der Vorstand der Pasewalker Synagogengemeinde dem Rabbiner Dr. Alifeld aufgrund von „kriegerischen Leitverhältnissen."[170] Es scheint hier also zu Unstimmigkeiten innerhalb der Gemeinde gekommen zu sein. Keinesfalls handelte es sich, wie im „Biographischen Handbuch der Rabbiner" angegeben, um eine einvernehmliche Entlassung[171], denn Alifeld kämpfte noch nach bereits erfolgter Kündigung verbissen um eine Verlängerung seines Vertrages. In mehreren Bittgesuchen an den Vorstand gab er zu bedenken, dass er noch keine andere Stelle in Aussicht habe und flehte eindringlich darum, „mich und meine Familie nicht mit Gewalt in das Unglück zu stoßen."[172] Ein Schreiben Alifelds vom 13. Mai 1867 offenbart seine tiefe Verzweiflung: „Der selbstdenkende Vorstand kann sich um so eher in meine Lage denken, da dieselbe kein Geheimnis ist. Ich werde ja durch die Kündigung mit meiner ganzen Familie brodlos. Brodlos! Welches gräßliche Wort, dessen Sinn mir um so gräßlicher erscheint, da ich keinen andern Beruf ergreifen kann und von meinen Ersparnissen auch nicht eine einzige Stunde existiren kann. So steht ein achtfaches Leben in Gefahr!! Wo habe ich so hart gefehlt, wodurch bin ich so tief gefallen, daß man mich wie einen gebrauchten

---

168 Allgemeine Zeitung des Judenthums, 28. Jg., Nr. 51 (13. Dez. 1864), S. 795 f.
169 CJA, 1,75 A Pa 3 Pasewalk, Nr. 40, S. 287 f.
170 Ebd., S. 315.
171 Vgl.: Brocke, Michael / Carlebach, Julius (Hrsg.): Biographisches Handbuch der Rabbiner. Teil I: Die Rabbiner der Emanzipationszeit in den deutschen, böhmischen und großpolnischen Ländern 1781–1871, Band 1, München 2004, S. 141.
172 CJA, 1,75 A Pa 3 Pasewalk, Nr. 40, S. 355.

Gegenstand verächtlich an die Seite wirft, ja sogar darauf treten will."[173] Der Gemeindevorstand bestand jedoch auf seinem Entschluss, die Stelle Alifelds neu zu besetzen.[174] Allerdings wurde Alifeld noch mindestens bis August 1867 in seinem Amt belassen, wie ein Urlaubsantrag Alifelds vom 7. August 1867 belegt.[175]

Neuer Prediger und Religionslehrer in Pasewalk wurde am 1. November 1867 Rabbiner Dr. Herman Handl aus Nikolsburg.[176] Der von ihm erteilte Religionsunterricht nahm in Pasewalk gemäß einem Schreiben des Geheimen Regierungs- und Schulrates Crüger an den Oberpräsidenten der Provinz Pommern „eine Zahl von 18 Stunden ein, den Unterricht im Hebräischen, der durchweg als Religionsunterricht betrachtet wird, eingeschlossen."[177] Am 2. April 1873 kündigte Rabbiner Dr. Handl jedoch wegen anderweitiger Anstellung.[178] Offenbar hatte er sich sehr verdient gemacht um die Pasewalker Gemeinde, denn diese würdigte seine Arbeit in Pasewalk mit einem großzügigen Abschiedsgeschenk, wie aus einem Dankschreiben Handls vom 22. Mai 1873 hervorgeht: „Das Geschenk von fünfzig Thalern, welches mir bei meinem Abgehen von der hiesigen Gemeinde überreicht worden ist, hat mich sehr erfreut. Ich erblicke in der mir gewordenen Gratification das Zeichen der ehrenden Anerkennung für mein vieljähriges Wirken hier und den Beweis des Wohlwollens, welches die geschätzte Gemeinde Pasewalk für mich empfindet. Ich sage meinen herzlichsten Dank für das Geschenk."[179]

Die Stelle des Kantors bekleidete zu dieser Zeit M. Weißblum, dessen Vertrag ab 1872 „mit Zufriedenheit beider Theile"[180] mehrmals verlängert wurde. In Folge des Weggangs von Rabbiner Handl wurde im Mai 1873 der Rabbiner Dr. Wilhelm Landsberg aus Breslau angestellt, der das Amt als Prediger und Religionslehrer übernahm.[181] Landsbergs Jahresgehalt wurde vertraglich auf 400 Thaler festgesetzt.[182] Er wirkte jedoch nur kurz in Pasewalk. Schon im Juli 1874 bat er den Gemeindevorstand, „mich von meinen Verpflichtungen, die ich am 11. Mai 1873 eingegangen bin, gefälligst zu entbinden."[183] Nachdem Landsberg zum 1. Septem-

---

173 Ebd., S. 320.
174 Ebd., S. 356.
175 Ebd., S. 361.
176 Vgl.: Brocke, Michael / Carlebach, Julius (Hrsg.): Biographisches Handbuch der Rabbiner. Teil I: Die Rabbiner der Emanzipationszeit in den deutschen, böhmischen und großpolnischen Ländern 1781–1871, Band 1, München 2004, S. 413f.; CJA, 1,75 A Pa 3 Pasewalk, Nr. 40, S. 376.
177 LA Greifswald, Rep. 60, Nr. 2719, S. 41.
178 CJA, 1,75 A Pa 3 Pasewalk, Nr. 40, S. 381.
179 Ebd., S. 384.
180 Ebd., S. 387.
181 Ebd., S. 382.
182 Ebd.
183 Ebd., S. 388.

ber 1874 aus seinem Vertrag entlassen worden war, übernahm er das Rabbinat in Lauenburg.[184] Der Vorstand der Pasewalker Synagogengemeinde schrieb indes die Stelle als Prediger und Religionslehrer erneut in der „Allgemeinen Zeitung des Judenthums" aus und bot ein jährliches Gehalt von 500 Thalern nebst Nebeneinkünften.[185]

Im Oktober 1874 stellte die Pasewalker Gemeinde den späteren Berliner Gemeinderabbiner Dr. Adolf Rosenzweig ein[186], der hier seine Tätigkeit begann.[187] Nach drei Jahren des Wirkens verließ auch dieser Pasewalk wieder und ging zunächst nach Birnbaum, später nach Teplitz.[188] An die Stelle Rosenzweigs trat 1876 Rabbiner Dr. Moses Samuel Zuckermandel aus Ungarisch-Brod.[189] Er war in Pasewalk bis August 1881 tätig und fand anschließend eine Anstellung als Oberrabbiner in Trier.[190] Sein Amt in Pasewalk übernahm ab dem 1. September 1881[191] Rabbiner Dr. Marcus Kopfstein aus Pomarz/Ungarn[192], der jedoch schon nach weniger als zwei Jahren auf Empfehlung des Stettiner Rabbiners Dr. Vogelstein nach Elbing ging.[193] Kopfsteins Nachfolge trat im Juni 1883 Rabbiner Dr. Moses Krakauer an.[194] Dieser wirkte bis 1888 in der Pasewalker Synagogengemeinde, um dann nach Lauenburg zu gehen.[195] Neuer Rabbiner in Pasewalk wurde nun Dr. S. Grünfeld, der die Synagogengemeinde jedoch nach fünf Jahren wieder verließ, um an einer Privatsynagoge in Berlin tätig zu werden.[196] Nach Grünfelds Weggang stellte die Pasewalker Gemeinde 1895 Rabbiner Dr. Bernhard Königsberger aus Kattowitz an[197], dessen Engagement auch die „Allgemeine Zeitung des Judenthums"

---

184 Ebd., S. 389.
185 Vgl.: Allgemeine Zeitung des Judenthums, 38. Jg., Nr. 33 (11. Aug. 1874), S. 564; Allgemeine Zeitung des Judenthums, 38. Jg., Nr. 34 (18. Aug. 1874), S. 580; Allgemeine Zeitung des Judenthums, 38. Jg., Nr. 35 (25. Aug. 1874), S. 596.
186 CJA, 1,75 A Pa 3 Pasewalk, Nr. 40, S. 427.
187 Ebd., S. 423. (siehe Anhang).
188 Vgl.: Lowenthal, Ernst G.: Juden in Preussen. Ein biographisches Verzeichnis, Berlin 1982, S. 192.
189 Vgl.: Brocke, Michael / Carlebach, Julius (Hrsg.): Biographisches Handbuch der Rabbiner. Teil I: Die Rabbiner der Emanzipationszeit in den deutschen, böhmischen und großpolnischen Ländern 1781–1871, Band 2, München 2004, S. 929 f.
190 CJA, 1,75 A Pa 3 Pasewalk, Nr. 41, S. 119.
191 Ebd., S. 2.
192 Vgl.: Allgemeine Zeitung des Judenthums, 45. Jg., Nr. 36 (6. Sept. 1881), S. 578; Walk, Joseph: Kurzbiographien zur Geschichte der Juden 1918–1945, München 1988, S. 202.
193 CJA, 1,75 A Pa 3 Pasewalk, Nr. 41, S. 38.
194 Ebd., S. 80 u. S. 145 RS.
195 Vgl.: Neufeld, Siegbert: Juden in Pommern, in: Allgemeine Jüdische Wochenzeitung, hrsg. vom Zentralrat der Juden in Deutschland, Bonn (5. Jan. 1968), S. 3.
196 Vgl.: Ebd.
197 Vgl.: Walk, Joseph: Kurzbiographien zur Geschichte der Juden 1918–1945, München 1988, S. 200.

würdigte: „Nachdem Herr Rabbiner Dr. Königsberger im zu Ende gehenden Jahre in verschiedenen Gemeinden, wie Stettin, Greifswald, Rostock, Neubrandenburg, Vorträge über Themata der jüdischen Geschichte und Litteratur gehalten, arrangierte derselbe auch in seiner Gemeinde einen Vortragscyclus [...]. Da die Vorträge in der Aula der hiesigen höheren Stadtschule, welche der Magistrat in dankenswerther Weise überlassen hatte, stattfanden, sah man unter den Zuhörern auch viele nichtjüdische Mitbürger und „last not least" Mitglieder des hiesigen Antisemitenvereins, welche ihrem Unmuth über die Bewilligung der Aula für diese Vorträge in ihrem Parteiblättchen offen, wenn auch vergeblich, Luft machten."[198] Nach Angaben der „Allgemeinen Zeitung des Judenthums" beabsichtigte Rabbiner Königsberger auch, in der Pasewalker Gemeinde einen Literaturverein zu gründen.[199]

Im Oktober 1897 berichtete die Zeitung über ein weiteres verdientes Mitglied der Synagogengemeinde zu Pasewalk, den langjährigen ersten Gemeindevorsteher Götz Lehmann, der zugleich als Kontrolleur des hiesigen Vorschussvereins fungierte. Nach 35-jähriger Tätigkeit im Vereinsvorstand schied er am 1. Oktober 1897 aus diesem Amt. „Als Zeichen der Anerkennung, welche Herr Lehmann sich um den Vorschuß-Verein erworben, wurde ihm seitens des Vorstandes und Verwaltungsraths nach Schluß der gestrigen Verwaltungsraths-Sitzung ein prachtvoll gearbeiteter silberner Pokal mit entsprechender Widmung durch den Vorsteher in feierlicher Weise als bleibendes Andenken an den Verein überreicht. Der derartig Ueberraschte sprach tiefbewegt dem Vorstand seinen Dank aus. Herr Götz Lehmann [...] wird seines edlen Charakters wegen in christlichen und in jüdischen Kreisen gleich hochgeachtet und verehrt."[200] Das Ansehen, das Lehmann weithin genoß, wiederspiegelte sich auch in einem Artikel, der anläßlich seines Ablebens im Februar 1904 in der „Allgemeinen Zeitung des Judenthums" veröffentlicht wurde: „Mit ihm schied ein Mann aus dem Leben, der eng sowohl mit unserer Gemeinde, wie auch mit unserer Stadt verwachsen war und eine Lücke hinterläßt, die schwer auszufüllen sein wird. Welcher Liebe und Anhänglichkeit der Verstorbene sich erfreute, zeigte das Begräbnis, an welchem nicht nur Gemeindemitglieder, sondern auch die Spitzen der Behörden, viele Bürger und Freunde von nah und fern teilnahmen. Rabbiner Finkel gedachte in seiner in großen Zügen gehaltenen Trauerrede der großen Verdienste, die sich der Verblichene nicht nur um unsere Gemeinde, sondern auch um unsere Vaterstadt erworben und zeich-

---

198 Der Gemeindebote, Beilage zur AZJ, 60. Jg., Nr. 1 (3. Jan. 1896), S. 2.
199 Vgl.: Ebd.
200 Ebd., 61. Jg., Nr. 43 (22. Okt. 1897), S. 2.

nete in ausführlicher Weise dessen Lebensbild. Sein Name wird in den Annalen der Gemeinde fortleben."[201]

Nachdem Rabbiner Königsberger die Pasewalker Synagogengemeinde 1898 verlassen hatte, um nach Pleschen zu gehen[202], trat im selben Jahr Dr. Elias Kalischer aus Lissa an seine Stelle, der zuvor als Rabbinatsassistent in Kopenhagen tätig gewesen war.[203] Bereits nach einem Jahr zog Kalischer jedoch weiter nach Stolp.[204] Schließlich kam 1900 Rabbiner Dr. Ephraim Finkel nach Pasewalk, welcher der letzte Rabbiner der hiesigen Gemeinde werden sollte.[205] Anläßlich seines dortigen Amtsantrittes berichtete im April 1900 auch die „Allgemeine Zeitung des Judenthums" über ihn: „Herr Dr. E. Finkel, ein Zögling des jüdisch-theologischen Seminars zu Breslau, ist von dem Vorstande und den Repräsentanten unserer Gemeinde einstimmig zum Rabbiner gewählt worden. Demselben geht ein sehr guter Ruf voran. In seinen Studienjahren versuchte er sich mit Glück als Korrespondent und Mitarbeiter hebräischer und deutscher Zeitungen. Nach Beendigung seiner Studien that er sich auf verschiedenen Gebieten des öffentlichen Lebens hervor. Der „jüdische Rede- und Diskutirklub Graetz" sowie die hebräischen Sprachkurse in Breslau, die auch in anderen Städten Nachahmung gefunden haben, zählen ihn zu ihren Gründern. Außerdem hat er in Wort und That eifrig die Kolonisation Palästinas gefördert. Für die Idee, die Juden in größerem Maße der Landwirthschaft zuzuführen, hat er durch Vorträge in verschiedenen Gemeinden des deutschen Reiches erfolgreich gewirkt und sich dadurch die Anerkennung des Kuratoriums der landwirthschaftlichen Schule zu Ahlen erworben. Seine Bedeutung als Kanzelredner ist von den Gemeinden in Kattowitz und Berlin, wo er wiederholt als Hilfsprediger thätig war, genügend anerkannt worden."[206]

Neben seiner Arbeit in Pasewalk war Finkel auch erster Bezirksrabbiner in dem um 1900 vom „Verband der Synagogengemeinden Pommerns" eingerichteten Bezirksrabbinat für die vorpommerschen Gemeinden.[207] In seiner Funktion als Bezirksrabbiner besuchte Finkel mehrmals im Jahr die anderen jüdischen Gemeinden in den umliegenden Gebieten, die keinen eigenen Rabbiner besaßen, hielt dort Gottesdienste und Vorträge, inspizierte den Religionsunterricht oder

---

201 Ebd., 68. Jg., Nr. 8 (19. Feb. 1904), S. 2.
202 Vgl.: Lowenthal, Ernst G.: Juden in Preussen. Ein biographisches Verzeichnis, Berlin 1982, S. 121.
203 CJA, 1,75 A Pa 3 Pasewalk, Nr. 41, S. 159.
204 Vgl.: Neufeld, Siegbert: Juden in Pommern, in: Allgemeine Jüdische Wochenzeitung, hrsg. vom Zentralrat der Juden in Deutschland, Bonn (5. Jan. 1968), S. 3.
205 Vgl.: Ebd.
206 Der Gemeindebote, Beilage zur AZJ, 64. Jg., Nr. 17 (27. Apr. 1900), S. 1 f.
207 Vgl.: Wilhelmus, Wolfgang: Juden in Vorpommern, Schwerin 1996, S. 50.

gab ihn selbst und kümmerte sich um weitere Belange der Gemeinden.[208] Dem Bezirksrabbinat Pasewalk gehörten neben Pasewalk und Löcknitz die Gemeinden in Demmin, Greifswald, Stralsund, Swinemünde und Ueckermünde an.[209] Rabbiner Finkel war sieben Jahre in Pasewalk tätig, bevor er angesichts der anhaltenden Schrumpfung der Gemeinde und interner Zwistigkeiten 1907 sein Amt dort aufgab, um eine Stellung im Sekretariat der Großloge für Deutschland anzunehmen.[210] Nach seinem Fortgang blieb das Pasewalker Rabbinat unbesetzt.

Während die Rabbiner in Pasewalk häufig wechselten, war der im Jahre 1880 aus Stargard in Hinterpommern gekommene Julius Lewin hier für längere Zeit als Kantor tätig.[211] Anfang 1900 berichtete er dem Pasewalker Gemeindevorstand, „dass er neben seiner Kantor- und Religionslehrerarbeit vom Mai 1899 bis zum Januar 1900 noch 99 Rinder und 108 Stück Kleinvieh, womit Kälber, Ziegen und Schafe gemeint waren, und diverses Federvieh schächten mußte."[212] In seiner Tätigkeit als Religionslehrer unterrichtete Lewin mittwochs und sonntags in biblischer Geschichte und Religionslehre, Gebetsinterpretation und hebräischer Sprache in zwei Alterskursen. Allerdings hatte er aufgrund der zunehmenden Verkleinerung der Pasewalker Gemeinde im Jahre 1898 gerade noch elf Schüler zu betreuen.[213] Nach der Jahrhundertwende übernahm Kantor Heumann den Posten Lewins.[214] In seiner Funktion als Vorbeter, Religionslehrer und Schächter bezog er ein jährliches Gehalt von 1500 Mark sowie 200 Mark Wohnungszuschuß, für die Erteilung des Religionsunterrichtes und das Schächten in Ueckermünde zusätzlich 450 Mark jährlich.[215] Der von ihm erteilte Religionsunterricht fand jedoch angesichts der stetigen Abnahme der jüdischen Bevölkerung in Pasewalk und den umliegenden Gemeinden in einem immer kleineren Rahmen statt. So nahmen im Jahre 1905 nur noch 19 Kinder an Heumanns Unterricht teil.[216] Als Heumann Pasewalk verlassen hatte, wurde Kantor Otto Schwarz eingestellt, der gemäß einem Vertrag des Pasewalker Gemeindevorstandes vom 1. Februar 1913 neben seinen Aufgaben als Kantor, Vorbeter, Religionslehrer und Schächter auch

---

208 Vgl.: Wilhelmus, Wolfgang: Geschichte der Juden in Pommern, Rostock 2004, S. 117.
209 Vgl.: Der Gemeindebote, Beilage zur AZJ, 65. Jg., Nr. 49 (6. Dez. 1901), S. 2.
210 CJA, 1,75 A Pa 3 Pasewalk, Nr. 41, S. 168.
211 Ebd., Nr. 43, S. 5 f.
212 Wilhelmus, Wolfgang: Geschichte der Juden in Pommern, Rostock 2004, S. 116.
213 Krüger, Egon / Wilhelmus, Wolfgang: Juden in Pasewalk und Umgebung, in: Heitmann, Margret / Schoeps, Julius H. (Hrsg.): „Halte fern dem ganzen Lande jedes Verderben ..." Geschichte und Kultur der Juden in Pommern, Hildesheim 1995, S. 175.
214 Vgl.: Krüger, Egon / Wilhelmus, Wolfgang: Pasewalk, in: Diekmann, Irene (Hrsg.): Wegweiser durch das jüdische Mecklenburg-Vorpommern. Im Auftrag des MMZ für europäisch-jüdische Studien, Bd. II, Potsdam 1998, S. 170 ; CJA, 1,75 A Pa 3 Pasewalk, Nr. 43, S. 10.
215 CJA, 1,75 A Pa 3 Pasewalk, Nr. 38, S. 11.
216 Vgl.: Wilhelmus, Wolfgang: Geschichte der Juden in Pommern, Rostock 2004, S. 260.

die Leitung des Synagogenchores inne hatte, einmal wöchentlich Religionsunterricht in Löcknitz und Ueckermünde gab und dort auch das Schächten übernahm.[217]

4.4. Zur weiteren Entwicklung der Gemeinde bis 1918

Obgleich sich die Pasewalker Juden in ihrer Stadt durchaus mit judenfeindlichen Tendenzen konfrontiert sahen und hier auch ein antisemitisches Blatt erschien[218], verlief das Zusammenleben mit ihren christlichen Mitbürgern um die Jahrhundertwende offenbar überwiegend friedlich. So war im Dezember 1901 in der „Allgemeinen Zeitung des Judenthums" über Pasewalk zu lesen: „Bei der jetzt stattgefundenen Stadtverordneten-Ergänzungswahl wurden die Herren Albert Jacoby, Vorsteher unserer Gemeinde, und Fabrikbesitzer Paul Behrendt als Stadtverordnete gewählt. Durch dieses Resultat haben unsere Glaubensgenossen die bis jetzt innegehabten drei Sitze im Stadtverordnetenkollegium weiter behalten, da demselben außer den genannten Herren noch Herr Goetz Lehmann angehört. Es gereicht uns dies zur besonderen Freude festzustellen, da auch hier vor Jahren die Wogen des Antisemitismus hochgingen, und es den Anschein hatte, als sollte auch unsere Stadt ein Herd für die antisemitische Seuche für spätere Zeiten bleiben. Unsere Befürchtungen sind Gottlob nicht eingetroffen, wir haben jetzt Ruhe und leben mit unseren christlichen Mitbürgern in bestem Einvernehmen, wozu auch wahrscheinlich unsere Beamten viel beigetragen haben, da beide, Rabbiner und Kantor, bei der nichtjüdischen Bevölkerung und den Behörden des besten Wohlwollens und Ansehens sich erfreuen."[219] Auch andere Mitglieder der Pasewalker Synagogengemeinde fanden die Achtung und Anerkennung der nichtjüdischen Bevölkerung Pasewalks. So erinnerten sich die Pasewalker noch nach Jahrzehnten des armen jüdischen Händlers Michael Keibel, der während des Cholerazuges 1831 in Jatznik, einem kleinen Nachbarort von Pasewalk, zwei Tote bestattete, die aus Angst vor Ansteckung niemand sonst zu berühren wagte.[220] Eine Entlohnung dafür schlug Keibel aus, obgleich er in Pasewalk eine Frau und neun Kinder zu versorgen hatte. Nachdem die preußische Regierung von Keibels Tat in Kenntnis gesetzt wurde, gewährte man ihm das Staatsbürgerrecht, allerdings unter der Bedingung,

---

217 Vgl.: Krüger, Egon / Wilhelmus, Wolfgang: Pasewalk, in: Diekmann, Irene (Hrsg.): Wegweiser durch das jüdische Mecklenburg-Vorpommern. Im Auftrag des MMZ für europäischjüdische Studien, Bd. II, Potsdam 1998, S. 170.
218 Vgl.: Der Gemeindebote, Beilage zur AZJ, 61. Jg., Nr. 43 (22. Okt. 1897), S. 2.
219 Ebd., 65. Jg., Nr. 49 (6. Dez. 1901), S. 2.
220 Vgl.: Ebd., 66. Jg., Nr. 34 (22. Aug. 1902), S. 1 f.

dass Tebel – so hieß er zuvor – den Familiennamen Keibel annahm. „So waren denn erst wenige Wochen im Jahre 1832 dahingegangen, als eines Tages ein Polizeidiener in die Wohnung des Juden kam und ihn ersuchte, auf das Rathaus zu kommen. Da waren die Väter der Stadt schon versammelt und bereit, den „Staatsbürger" zu empfangen. Der Vorsitzende des Magistrats hielt eine Ansprache, lobte nochmals das Thun des Hebräers und überreichte ihm feierlich das auf seinen neuen Namen Keibel ausgestellte Naturalisationspatent. Aus einem Verachteten war plötzlich ein Würdenträger geworden, aber die Rangerhöhung machte ihn nicht stolz. Die Pasewalker fanden ihn nicht verändert, wenn sie ihn durch die Straßen schleichen sahen, und nicht war er unzufrieden, wenn sie ihn auch in Zukunft nur bei seinem ersten Namen nannten. So oft er in das Dorf kam, wo er die Choleraleichen bestattet hatte, fanden alle nur den alten, guten Tebel wieder, den sie schon seit Jahren kannten, und den „alten, guten Tebel" hießen sie ihn auch ferner."[221]

Trotz dieser allgemein positiven Entwicklung boten sich jedoch auch Anlässe zur Mißstimmung zwischen den jüdischen und nichtjüdischen Pasewalkern, wie ein Artikel der jüdischen Zeitung „Im deutschen Reich" vom 4. November 1903 veranschaulicht: „Am Tage, an dem die Rekruten des hiesigen Kürassier-Regiments in den Kirchen auf den Fahneneid vorbereitet wurden, leistete sich ein Lieutenant dieses Regiments, Freiherr v. d. Recke, Sohn des Regierungs-Präsidenten von Merseburg, im „Pasewalker Anzeiger" folgendes Inserat: „Junger hellbrauner, doppelschnauziger Box, auf den Namen Moses hörend, ist Sonnabend Mittag vom Kasino aus entlaufen. Abzugeben bei Lt. Freiherr v. d. Recke, Kaserne." Was würde die protestantische Bevölkerung sagen, wenn ein Katholik seinen Hund „Martin Luther" nennen würde?"[222]

Zudem hatte die Pasewalker Synagogengemeinde auch mit den preußischen Behörden zu kämpfen. Am 7. September 1903 ersuchte Rabbiner Finkel den preußischen Minister der geistlichen Unterrichts- und Medizinalangelegenheiten, die Einrichtung des Vorpommerschen Bezirksrabbinates in Pasewalk zu gestatten und dem Bezirksrabbiner das Inspektionsrecht über den jüdischen Religionsunterricht in den vorpommerschen Gemeinden zu erteilen.[223] Die zuständigen Behörden wiesen Finkels Gesuch jedoch am 23. Februar 1904 zunächst zurück: „Auf die Eingabe vom 7. September v. Js. erwidern wir ergebenst, daß das Gesetz über die Verhältnisse der Juden vom 23. Juli 1847 die Einrichtung von Bezirksrabbinaten nicht kennt. Es fehlt daher die Möglichkeit, die beantragte staatliche Genehmi-

---
221 Ebd., S. 2.
222 Im deutschen Reich, 9. Jg., Nr. 11 (Nov. 1903), S. 673 f.
223 LA Greifswald, Rep. 60, Nr. 2719, S. 70.

gung auszusprechen. Ich, der mitunterzeichnete Minister der geistlichen Unterrichts- und Medizinal-Angelegenheiten, beabsichtige auch nicht, Ihnen auf Grund des Schulaufsichtsgesetzes vom 11. März 1872 einen staatlichen Auftrag zur Inspektion der gemäß § 62 des Judengesetzes etwa eingerichteten Religionsschulen in den beteiligten Synagogengemeinden zu erteilen."[224] Ein späteres Gesuch der Pasewalker Synagogengemeinde vom 16. Oktober 1908, dem neuen Bezirksrabbiner Dr. Worms die Aufsicht über die Pasewalker Religionsschule zu übertragen[225], wurde durch die Abteilung Kirchen und Schulen der Königlichen Regierung von Preußen in Stettin am 29. Oktober 1908 ebenfalls abgewiesen: „Die Aufsicht über die dortige von der Synagogengemeinde eingerichtete Religionsschule steht dem dortigen Kreisschulinspector Superintendanten Brüssau als dem dazu bestellten Aufsichtsbeamten zu. Es liegt dafür kein Bedürfnis vor, den Dr. Worms mit der staatlichen Aufsicht über die genannte Schule zu betrauen."[226]

Neben derlei Unwegsamkeiten sah sich die Pasewalker Synagogengemeinde auch mit internen Problemen konfrontiert. „Durch die Assimilierungsbemühungen von Juden einerseits, die Zunahme jüdisch-orthodoxer Auffassungen als Ergebnis der Zuwanderung von Juden aus dem europäischen Osten sowie durch die Ausbreitung der Zionistischen Bewegung kam es auch in den vorpommerschen Synagogengemeinden zu Auseinandersetzungen, die besonders für die Pasewalker Gemeinde aktenkundig sind: Finkel gehörte zum liberalen Flügel des deutschen Judentums und setzte sich für die Modernisierung des Gottesdienstes ein."[227] Entsprechend gab es auch in der Pasewalker Gemeinde Bestrebungen zur Reform des Gottesdienstes und der religiösen Bräuche, die jedoch auf den entschiedenen Widerstand der orthodoxen Kräfte trafen. Nachdem die Pasewalker Juden unter dem Zuspruch Finkels nach mehrheitlichem Beschluß ein Harmonium in der Synagoge aufgestellt hatten, erklärten sieben Mitglieder der Löcknitzer Filialgemeinde, die solche Modernisierungsbestrebungen für nicht vereinbar mit ihrer religiösen Überzeugung hielten, empört ihren Austritt aus der Pasewalker Gemeinde.[228] Der Vorstand der Pasewalker Synagogengemeinde wies jedoch jegliche Einmischung der Filialgemeinde Löcknitz in die internen Angelegenheiten der Pasewalker Gemeinde zurück, zumal die Löcknitzer Mitglieder dem Gottesdienst in Pasewalk gar nicht beiwohnten. Der Gegenstand dieses Streites, das Harmonium, fand jedoch in der Pasewalker Gemeinde offensichtlich großen Anklang, da

---
224 Ebd., S. 74.
225 CJA, 1,75 A Pa 3 Pasewalk, Nr. 38, S. 14 RS.
226 Ebd., S. 15.
227 Wilhelmus, Wolfgang: Juden in Vorpommern, Schwerin 1996, S. 51.
228 Vgl.: Wilhelmus, Wolfgang: Geschichte der Juden in Pommern, Rostock 2004, S. 118 f.

„sich sofort ein Synagogen-Gesangsverein bildete, der aus freiwilligen Beiträgen bereits das Harmonium angeschafft hatte."[229] Obgleich sich die Unstimmigkeiten innerhalb der Gemeinde auch auf andere Fragen ausweiteten, ließ sich Rabbiner Finkel davon nicht beirren und blieb – mit der Unterstützung des Pasewalker Gemeindevorstandes – in seiner Haltung konsequent.[230] Die Streitigkeiten gingen offenbar so weit, dass die Pasewalker Gemeinde im Dezember 1905 vorübergehend aus dem „Verband der Synagogengemeinden Pommerns" austrat. Als dieser Schritt 1907 rückgängig gemacht wurde, verließ Finkel Pasewalk und ging nach Berlin.[231] Er hatte durch sein unermüdliches Engagement jedoch einen bleibenden Eindruck hinterlassen. Neben der Gründung des vorpommerschen Bezirksrabbinats, das er gegen große Widerstände ins Leben gerufen und aufrechterhalten hatte, bewirkte Finkel auch, dass die beim Pasewalker Regiment ihren Dienst verrichtenden jüdischen Soldaten an jedem vierten Sonnabend dem Gottesdienst in der Synagoge beiwohnen durften, sofern es der Dienst zuließ.[232] Außerdem erreichte er, dass die jüdischen Kinder in Pasewalk vom christlichen Religionsunterricht befreit wurden[233] und setzte sich nach Kräften für die Verbesserung des jüdischen Religionsunterrichts ein.[234]

Das Bezirksrabbinat Vorpommern übernahm nach dem Weggang Finkels der Stettiner Rabbiner Dr. Worms.[235] Dies geht auch aus einem Schreiben des „Verbandes der Synagogengemeinden Pommerns" an den Vorstand der Synagogengemeinde zu Pasewalk vom 4. November 1907 hervor: „Die hiesigen Gemeindebehörden haben dem Herrn Dr. Worms hier die Genehmigung erteilt, das vorpommersche Bezirksrabbinat fortzuführen, wie es bisher von Herrn Dr. Finkel gehandhabt worden ist. Es freut uns in hohem Grade, daß auch Sie dieser Sache Ihre Sympathie zuwenden. Was nun speziell Ihre Gemeinde anlangt, welche die größte des Bezirks ist, so würde Herr Dr. Worms mindestens einmal im Quartal zu Ihnen kommen, auf Wunsch auch am Sonnabend und würde neben der Schulinspektion auch in der Synagoge einen religiösen Vortrag halten. An Feiertagen würde dagegen sein Erscheinen dort unmöglich sein, da er hier nicht abkömmlich ist."[236] Da die Pasewalker Gemeinde nach Finkel keinen eigenen Rabbiner mehr besaß, nahm sie nun viermal im Jahr einen Besuch des neuen Bezirks-

---
229 Wilhelmus, Wolfgang: Juden in Vorpommern, Schwerin 1996, S. 51.
230 Vgl.: Wilhelmus, Wolfgang: Geschichte der Juden in Pommern, Rostock 2004, S. 120.
231 Vgl.: Wilhelmus, Wolfgang: Juden in Vorpommern, Schwerin 1996, S. 52.
232 Vgl.: Der Gemeindebote, Beilage zur AZJ, 70. Jg., Nr. 6 (9. Feb. 1906), S. 3.
233 Vgl.: Ebd.
234 Vgl.: Ebd., 70. Jg., Nr. 42 (19. Okt. 1906), S. 1.
235 CJA, 1,75 A Pa 3 Pasewalk, Nr. 38, S. 14 RS.
236 Ebd., S. 8.

rabbiners Dr. Worms in Anspruch und zahlte dafür einen jährlichen Beitrag von 100 Mark an das Vorpommersche Bezirksrabbinat.[237]

Es kam jedoch auch weiterhin immer wieder zu Zwistigkeiten unter den Pasewalker Juden. So wurde 1913 in der Pasewalker Gemeinde heftig darüber gestritten, „ob die Thora in einem ein- oder mehrjährigen Zyklus gelesen werden solle. Mehrere Rabbiner wurden vom Gemeindevorstand um Stellungnahmen gebeten."[238]

Ungeachtet der internen Spannungen gab es innerhalb der Pasewalker Gemeinde aber auch Erfreuliches zu vermelden, wie ein Bericht über Pasewalk in der „Allgemeinen Zeitung des Judenthums" vom 6. Mai 1902 dokumentiert: „Auf Anregung unseres Rabbiners Dr. Finkel haben die Herren Max Blitz, Julius Samuel, Emil Sternberg und Julius Sternberg in Berlin, ehemalige Bürger unserer Stadt und Mitglieder der hiesigen jüdischen Gemeinde, der Synagoge fünf kostbare, gediegen ausgeführte Mäntelchen für die Thorarollen gespendet, nachdem bereits im vorigen Jahre die Herren Albert Sternberg und Leo Steinberg in Berlin, die vor Jahren ebenfalls hier wohnten, der Gemeinde einen in modernem Stile gebauten Leichenwagen geschenkt hatten. Am letzten Tage des Pessachfestes nahm Dr. Finkel in seiner Seelenfeier-Predigt, die das Thema: „Treue gegen die Todten, Treue gegen das Vaterland" behandelte, Veranlassung, diese Schenkung zu erwähnen. Dieses Beispiel von Pietät und Anhänglichkeit dürfte bald Nachahmung finden. Wie wir erfahren, wird die hiesige Gemeinde demnächst einen Vorhang für die heilige Lade von ehemaligen Mitgliedern gestiftet erhalten."[239]

Einen weiteren freudigen Anlaß boten die Feierlichkeiten anläßlich des siebzigjährigen Stiftungsfestes des Pasewalker Lichtvereins im Januar 1904. „Nachmittags leitete die Festlichkeit ein Gottesdienst ein, bei dem Rabbiner Dr. Finkel die Festrede hielt. […] Nachdem die verschiedenen Ehrenmitglieder, die dem Verein seit seinem Bestehen angehören, am Nachmittag mit Blumen erfreut wurden, feierte man abends das Fest in gemütlicher Stimmung. Wohl sämtliche Gemeindemitglieder hatten sich hierzu eingefunden. Den ersten Toast hielt der Vorsteher des Vereins auf den Kaiser, den zweiten Dr. Finkel auf den Vorsteher und so reihte sich Toast an Toast in schwungvollen Worten. Erfreulich und ehrend zugleich war es, oben an der Tafel die alten ehrwürdigen Ehrenmitglieder sitzen zu sehen: Frau Sarette Jacobi, Herr und Frau Salomon Behrend. Erhebend war die Ansprache, welche die alte neunundachtzigjährige Frau Jacobi in kräftigen Worten hielt, indem sie über den Werdegang des Vereins berichtete; konnte sie doch auf eine

---
237 Ebd., S. 20.
238 Wilhelmus, Wolfgang: Geschichte der Juden in Pommern, Rostock 2004, S. 120.
239 Der Gemeindebote, Beilage zur AZJ, 66. Jg., Nr. 19 (9. Mai 1902), S. 2.

siebzigjährige Mitgliedschaft zurückblicken. Sie führte aus, wie der Verein mit wenigen Mitgliedern, die kaum den Kinderschuhen entwachsen waren, gegründet wurde und sich erfreulicher Weise zu einem großen entwickelt habe."[240]

Zwischen 1900 und 1910 sank die Zahl der in Pasewalk lebenden Juden weiter drastisch. Belief sich ihre Zahl um 1900 noch auf 162, war sie bis 1910 auf 106 zurückgegangen.[241] Zu dieser Zeit hatten sich die Pasewalker Juden bereits in verschiedenen Bereichen des Handels, des Handwerks, als Angestellte, Arbeiter, kleine Landwirte und im Fabrikwesen fest etabliert. Pasewalk besaß zahlreiche jüdische Geschäfte, auch nachdem die Zahl der jüdischen Einwohner gravierend zurückgegangen war. Darunter befanden sich vier Konfektionsgeschäfte (Behrendt, Loewe, Mathias, Brzezinski), zwei Kaufhäuser (Räsener, Mendelsohn), ein Möbelgeschäft (Wolf), ein Kurzwarengeschäft (Schlochauer), ein Geschäft für Stoffe und Tuche (Moras und Wagner), ein Schuhgeschäft (Lewin), ein Uhrengeschäft (Salomon), ein Kolonialwarengeschäft (Rosenbaum) und eine Fleischerei (Zobel).[242] Da die jüdischen Geschäftsinhaber ihre Läden aufgrund ihres Glaubens sonntags geöffnet hatten, waren diese Einkaufsmöglichkeiten bei der Pasewalker Bevölkerung sehr beliebt. Auch die jüdischen Handwerker – Goldschmiedemeister Loewe sowie Uhrmacher Salomon – und Händler, darunter Viehhändler Zobel, Getreidehändler Rosenbaum, Fellhändler Lewin und Altstoffhändler Rosenzweig, hatten eine große Bedeutung erlangt.[243] Das wichtigste jüdische Unternehmen in Pasewalk war die Eisengießerei und Landmaschinenfabrik von Paul Behrendt. Dessen Vater Hirsch Behrendt hatte das Unternehmen 1872 gegründet.[244] Um die Jahrhundertwende beschäftigte es bis zu 120 Arbeiter und Angestellte.[245] Paul Behrendt war neben seiner Tätigkeit als Unternehmer auch über Jahrzehnte Stadtverordneter und Ratsmitglied in Pasewalk[246] und „nannte sich stolz 1848er Demokrat, obgleich er erst 1860 geboren war"[247], wie seine Tochter Friedel später schrieb. „Unermüdlich, oft unter Hintansetzung seiner persönlichen Interessen, war er für das Wohl der Stadt tätig. Mit besonderem Stolz erfüllte es ihn, dass der

---

240 Der Gemeindebote, Beilage zur AZJ, 68. Jg., Nr. 6 (5. Feb. 1904), S. 2.
241 Vgl.: Krüger, Egon / Wilhelmus, Wolfgang: Pasewalk, in: Diekmann, Irene (Hrsg.): Wegweiser durch das jüdische Mecklenburg-Vorpommern. Im Auftrag des MMZ für europäisch-jüdische Studien, Bd. II, Potsdam 1998, S. 170.
242 Vgl.: Krüger, Egon: Die Bedeutung der Juden im Wirtschaftsleben von Pasewalk vor 1933, in: Heimatheft des Landkreises Pasewalk 1993, S. 60.
243 Vgl.: Ebd.
244 Vgl.: Behrendt, Friedel: Eine Frau in zwei Welten, Berlin (Ost) 1963, S. 91, (siehe Anhang).
245 Vgl.: Krüger, Egon: Kanalisationsdeckel aus Pasewalk, in: 1. Heimatheft des Landkreises Uecker-Randow 1995, S. 41.
246 Vgl.: Behrendt, Friedel: Eine Frau in zwei Welten, Berlin (Ost) 1963, S. 6.
247 Ebd.

Ausbau der städtischen Gasanstalt auf seine Initiative zurückging. Als ihr Direktor zu Beginn des ersten Weltkrieges eingezogen wurde, übernahm er die volle Verantwortung für die Leitung."[248] Zudem war Behrendt als Stadtrat an der Gründung der Städtischen Sparkasse maßgeblich beteiligt.[249]

Als nach dem Ausbruch des Ersten Weltkrieges im Sommer 1914 Millionen Männer zu den Waffen gerufen wurden, zogen, wie vielerorts in Deutschland, auch zahlreiche Juden aus Pasewalk und den umliegenden Gemeinden in den Krieg. Gemäß einer Aufstellung der Pasewalker Synagogengemeinde waren es elf jüdische Männer aus Pasewalk, zwölf aus Löcknitz und vier aus Ferdinandshof.[250] In der Gemeinde setzte man sich mit der Haltung zu Vaterland und Krieg auseinander. So geht aus den Unterlagen der Pasewalker Synagogengemeinde hervor, dass Bezirksrabbiner Dr. Worms im Februar 1915 in Pasewalk einen Vortrag zum Thema „Der Krieg und die Juden" hielt.[251] Nach dem Kriegsende im Jahr 1918 hatte auch die jüdische Gemeinde zu Pasewalk Verluste zu beklagen. Drei Gemeindemitglieder kostete die Kriegsteilnahme das Leben.[252]

4.5. Jüdisches Leben in Pasewalk während der Weimarer Republik

Obgleich sich in den Jahren der Weimarer Republik durch deren demokratische Verfassung die rechtliche und wirtschaftliche Lage der Juden allgemein stabilisierte, hielt der Rückgang der jüdischen Bevölkerung in Pasewalk an. So lebten hier 1932 nur noch 83 Juden.[253] Neben dem fortschreitenden Verlust von Gemeindemitgliedern sah sich die Pasewalker Synagogengemeinde auch mit stärker werdenden antisemitischen Tendenzen konfrontiert. So weigerte sich 1928 der Pasewalker Evangelische Gemeindekirchenrat, der Synagogengemeinde, deren Vorstand zu dieser Zeit Siegfried Rosenbaum als Vorsitzender sowie Siegfried Loewe als stellvertretender Vorsitzender und Friedrich Margoninsky als Kassenwart angehörten[254], ein als Acker genutztes Stück Kirchenland für die Erweiterung des jüdischen Friedhofs zu verkaufen, auf dem die Errichtung einer Leichenhalle geplant

---

248 Ebd.
249 Vgl.: Ebd., S. 195.
250 CJA, 1,75 A Pa 3 Pasewalk, Nr. 18, S. 143 f.
251 Vgl.: Wilhelmus, Wolfgang: Juden in Vorpommern, Schwerin 1996, S. 54.
252 Vgl.: Wilhelmus, Wolfgang: Geschichte der Juden in Pommern, Rostock 2004, S. 130.
253 Vgl.: Führer durch die jüdische Gemeindeverwaltung und Wohlfahrtspflege in Deutschland 1932-33, S. 72.
254 Vgl.: Stadtbuch – Wohnungsanzeiger – Pasewalk, Pasewalk 1928, S. 153.

war.[255] Allerdings kam es in dieser Sache offenbar letztlich doch zu einem Arrangement, denn ein Dokument aus dem Frühjahr 1929 belegt die Begründung einer Stiftung zum Bau der Leichenhalle auf dem jüdischen Friedhof in Pasewalk.[256] Diese Stiftung führte den Namen „Hermann und Anna Salomon'sche Stiftung" und verfügte über ein Kapital von 6700,60 Reichsmark, mittels dessen der Bau einer Halle nach den Vorschriften des jüdischen Religionsgesetzes ermöglicht werden sollte.[257] Schließlich erfolgte im September 1931 die Einweihung der neuen Leichenhalle.[258]

Nachdem im Jahre 1930 eine Neufassung des Pasewalker Gemeindestatuts bestätigt wurde, die angesichts der veränderten Bedingungen notwendig geworden war, gehörten bis auf das Dorf Hammelstall alle bereits 1856 im Statut aufgeführten Orte erneut zum Pasewalker Synagogenbezirk.[259] Den Vorstand bildeten nun Siegfried Rosenbaum, Siegfried Loewe und Adolf Mathias, während Walter Croner, Siegmund Mathias, Caesar Salomon, Josef Brzezinski, Elias Mendelsohn, Caesar Zobel und Albert Behrendt als Repräsentanten fungierten.[260] Über eigene Beamte verfügte die Pasewalker Synagogengemeinde zu diesem Zeitpunkt bereits seit längerem nicht mehr. Der Posten von Rabbiner Finkel war nach dessen Weggang aus Pasewalk im Jahre 1907 nicht mehr besetzt worden und der letzte Kantor, vermutlich Otto Schwarz, hatte die Gemeinde 1923 verlassen.[261] Seitdem konnte auch der Chor der Pasewalker Synagogengemeinde nicht mehr geleitet werden.[262] Die Schächtungen nahm der Schächter der Gemeinde Prenzlau vor und den Religionsunterricht, der nur noch drei Stunden wöchentlich betrug, gab Lehrer Lippmann aus Stettin.[263] Der für Pasewalk zuständige Rabbiner war nun der Stettiner Rabbiner Dr. Max Elk.[264]

Da die Pasewalker Synagogengemeinde keinerlei staatliche Beihilfen bezog[265] und zugleich immer mehr abgabepflichtige Mitglieder verlor, befand sie sich in einer prekären finanziellen Lage. Daher beantragte sie 1926 beim Preußischen

---

255 Vgl.: Wilhelmus, Wolfgang: Juden in Vorpommern, Schwerin 1996, S. 59; CJA, 1,75 A Pa 3 Pasewalk, Nr. 18, S. 1.
256 CJA, 1,75 A Pa 3 Pasewalk, Nr. 19, S. 36 ff.
257 Ebd.
258 Gemeindeblatt der Synagogen-Gemeinde zu Stettin, Amtliches Organ des Gemeindevorstandes und des Verbandes der Synagogen-Gemeinden Pommerns, Jg. 1931, Nr. 10, S. 5.
259 APS, 73 Oberpräsidium von Pommern in Stettin, Nr. 4503, o. S.
260 Ebd.
261 CJA, 1,75 A Pa 3 Pasewalk, Nr. 39, S. 127 (siehe Anhang).
262 Ebd.
263 Ebd.
264 Vgl.: Führer durch die jüdische Gemeindeverwaltung und Wohlfahrtspflege in Deutschland 1932-33, S. 72; CJA, 1,75 A Pa 3 Pasewalk, Nr. 19, S. 25.
265 CJA, 1,75 A Pa 3 Pasewalk, Nr. 39, S. 127.

Landesverband jüdischer Gemeinden die Gewährung eines Zuschusses, um den Abputz ihres Gotteshauses und den Ausbau der Friedhofsmauer vornehmen lassen zu können. Der Landesverband bewilligte der Pasewalker Gemeinde daraufhin eine Entlastungsbeihilfe in Höhe von 720 Mark.[266]

Obgleich Löcknitz noch immer zum Pasewalker Synagogenbezirk gehörte, besaßen die dortigen Juden eine eigene Betstube und blieben daher relativ selbstständig.[267] Bezüglich ihrer Heranziehung zu den Beiträgen der Synagogengemeinde Pasewalk kam es 1925 erneut zu erbitterten Streitigkeiten, die schließlich sogar die staatlichen Behörden beschäftigten. In einem Schreiben des Regierungsobersekretärs Trettin an das Oberpräsidium von Pommern in Stettin wird der Sachverhalt ausführlich geschildert:

„[...] Einige in Löcknitz wohnende Mitglieder haben nun wegen der Entrichtung der Gemeinde-Abgaben Beschwerde geführt, die auf eine Fehde mit dem Vorstande wegen der Befriedigung ihrer Kultusbedürfnisse zurückzuführen ist. Die Anlagen geben m. E. den Nachweis darüber, daß der Vorstand den Juden in Löcknitz soweit wie möglich entgegen gekommen ist und auf ihre Sonderwünsche Rücksicht genommen hat. Einige haben sich aber mit den getroffenen Regelungen nicht abgefunden, sondern haben, anstatt im gütlichen Benehmen mit dem Vorstande oder durch entsprechende Anträge bei der Repräsentantenversammlung den Versuch zu machen, ihre vermeintlich berechtigten Ansprüche voll durchzusetzen, auf andere Weise ihre Forderungen zur Geltung gebracht, haben aber damit nur der gesamten Gemeinde und dem Vorstande Schwierigkeiten bereitet.

Mehrere der Löcknitzer Mitglieder der Synagogengemeinde haben den Weg der Beschwerde wegen der Gemeindeabgaben beschritten. Die 1. Beschwerde ist von mir abgewiesen [...].

Weiter hebe ich zu einem Beschwerdepunkt hervor, daß zwar für einen noch nicht vorhandenen Kultusbeamten das Gehalt sowie die Versicherungsbeiträge und dementsprechend höhere Abgaben im Haushaltsplan eingesetzt sind. Der Vorstand hat aber den Nachweis erbracht, daß 1924 noch nicht die Hälfte der veranschlagten Beiträge von den Mitgliedern erhoben ist und im laufenden Wirtschaftsjahre nur die Hälfte zur Einziehung gelangt, solange ein Kultusbeamter nicht angestellt ist [...]. Die Hälfte der veranschlagten Steuern entspricht den eingesetzten Beamten-Ausgaben an Gehalt und Versicherungsbeiträgen. Gegen meinen abweisenden Bescheid ist weitere Beschwerde [...] eingelegt worden. Während aber die 1. Beschwerde von 9 der 12 in Löcknitz wohnhaften, beitragenden

---
266 Ebd., S. 107.
267 Ebd., S. 127.

Mitgliedern erhoben war, wird die vorliegende Beschwerde nur noch von 4 geführt; auch sie scheinen nach den Ausführungen des Vorstandes [...] nicht mehr alle unbedingt zu diesem weiteren Vorgehen zu stehen. Die jetzige Beschwerde gründet sich auf § 58 Absatz 2 des Gesetzes vom 23.7.47, nach dem die Regierung festsetzt, ob und inwieweit einzelne zerstreut und von dem Mittelpunkt des Synagogen-Bezirks entfernt wohnende Juden zu den Kosten, insbesondere zu den Kultusbedürfnissen beizutragen haben. An auswärtigen Mitgliedern zählt die Synagogen-Gemeinde Pasewalk nach der Heberolle nur an Abgabepflichtigen 30 v. H., in Löcknitz wohnen allein 24 v. H., d. h. rund ¼ sämtlicher beitragenden Mitglieder. Da Löcknitz außerdem eine geschlossene politische Gemeinde bildet und dort weiter noch nicht alle Juden herangezogen sind, handelt es sich nicht um einzelne, zerstreut wohnende Angehörige der Gemeinde Pasewalk. Außerdem bringen die Löcknitzer Mitglieder nur 18 v. H. der Gesamtabgaben auf. Wenn sich nun auch die Abgaben nach den Einkünften richten, so besteht doch die Tatsache, daß die verhältnismäßig wenigeren Pasewalker Juden größere Lasten zu tragen haben, nicht für ihre örtlichen Zwecke, sondern für den Gesamthaushalt. Auch scheint die Synagogengemeinde bei der Heranziehung ihrer in Löcknitz wohnenden Glieder recht schonend vorzugehen, da sie u. a. die Familie Feinberg noch nicht veranlagt, aber bereits wiederholt unterstützt hat [...]. Ich bitte hiernach, die Beschwerde abweisen zu wollen. Alsdann wird von mir die Heberolle mit der Maßgabe für vollstreckbar erklärt werden, daß in den Monaten, in denen ein Kultusbeamter nicht angestellt ist, nur die Hälfte der Abgaben erhoben werden darf."[268]

Die Zwistigkeiten zwischen den Pasewalker und den Löcknitzer Juden waren damit jedoch keineswegs beigelegt. So beschwerte sich die Filialgemeinde Löcknitz, der Ende 1929 lediglich noch zwölf Mitglieder angehörten[269], am 12. Februar 1930 bei der Pasewalker Gemeinde über deren Haushaltsplan für das Jahr 1930: „Die Unterzeichneten sind im höchsten Masse erstaunt, wie eine Gemeinde in der heutigen wirtschaftlich sehr schweren Zeit z. T. Beträge in dem Plan aufstellt, die in gar keiner Weise gerechtfertigt sind. Anstelle sich allergrösster Sparsamkeit zu befleissigen, werden vom Vorstand Summen eingesetzt, die bestimmt nicht von den Mitgliedern der Pasewalker Gemeinde bezahlt werden würden, wenn wir Löcknitzer nicht so kolossal an der Bezahlung beteiligt wären. [...] Wären die Beträge im Etat niedriger angesetzt und würden die Pasewalker Gemeindemitglieder richtig zur Zahlung herangezogen worden sein, [...] hätten auch die Löcknitzer keinen Grund, Protest gegen die ungerechtfertigte Belastung zu erhe-

---

268 APS, 73 Oberpräsidium von Pommern in Stettin, Nr. 4503, o. S.
269 CJA, 1,75 A Pa 3 Pasewalk, Nr. 19, S. 18.

ben."[270] In dem Beschwerdeschreiben führt die Löcknitzer Gemeinde eine Anzahl von konkreten Posten im Haushaltplan an, die ihrer Ansicht nach ungerechtfertigt sind. Einige seien an dieser Stelle wiedergegeben:

„ad 1) Sie setzen für Unterricht und Kultus Mk. 900.- an. Nachdem wir unseren eigenen Gottesdienst unterhalten und uns zu den Feiertagen unseren Kantor auf unsere Kosten engagieren, dürfte der für Kultus angesetzte Betrag für die Löcknitzer gar nicht in Betracht kommen.

ad 2) Ein Tempel, der kaum 4 Mal im Monat benutzt wird, erfordert sicher nicht eine Reinigung, die Mk. 1.- pro Tag kostet. Der für Reinigung etc. angesetzte Betrag ist ja wohl ein bisschen zu hoch gegriffen.

ad 3) Hat der Tempel einen solch kolossalen Wert, daß sage und schreibe 235.- Versicherungsgebühren bezahlt werden müssen? Wir besitzen auch Häuser mit höheren Grundstücks- und Inventarwerten, eine solche Versicherungssumme wie lt. Etat für den Pasewalker Tempel angefordert wird, wissen wir uns nicht zu errechnen.

[…] ad 9) In welcher Höhe ruht auf dem Synagogengebäude eine Hypothek, die eine solch horrende Summe Zinsen erfordert. Ist dies noch eine Vorkriegshypothek?

[…] ad 17) Es ist uns unverständlich, wie man den jährlichen Bedarf einer so kleinen Gemeinde ohne Kantor und Rabbiner, an Papier, Schreibfedern, Tinte usw. mit Mk. 90.- ansetzen kann. Dieser Posten könnte bis auf ein Bruchteil reduziert werden.

ad 19) Wenn man für die Zeit des Heizens ca. 3½ Monate annimmt, so kann man doch für etwa 14 maliges Heizen unmöglich die Summe von Mk. 100.- ansetzen. Ist denn wirklich an jedem Sonnabend im Winter in Ihrer Gemeinde Gottesdienst?

ad 21) Aus unsern ganzen Darlegungen ergibt sich, daß der Posten „Unvorhergesehenes" mit Mk. 200.- also ein Posten, für den heute noch nicht einmal ein Name und eine Begründung vorhanden ist, unbedingt gestrichen werden müsste.

Wir erkennen den Haushaltsplan nicht an, ebensowenig die Besteuerung einzelner Pasewalker Mitglieder, weil sie im Verhältnis zu den Löcknitzer Mitgliedern zu niedrig besteuert sind."[271] Die Streitigkeiten um eine angemessene Besteuerung der Löcknitzer Juden setzten sich in den folgenden Wochen fort.[272]

---

270 Ebd., Nr. 79, S. 7.
271 Ebd., S. 7 ff.
272 Ebd., S. 6.

Auch die Synagogengemeinde Ueckermünde hatte mit einem starken Verlust von Mitgliedern zu kämpfen. Ihr gehörten 1932 gerade noch 26 Juden an, davon neun in Torgelow und je drei in Eggesin und Neuwarp. Vorsitzender der Gemeinde war Sally Pleß, zweiter Vorsitzender Sally Ruschin.[273] Sowohl der Ueckermünder als auch der Pasewalker Gemeinde war es mittlerweile kaum noch möglich, mit den wenigen und noch dazu auf mehrere Orte verteilt lebenden Mitgliedern ein geordnetes Gemeindeleben aufrecht zu erhalten und die zur Wahl eines Vorstandes notwendigen Stimmberechtigten zusammenzubringen. Nach einem Bericht des Ueckermünder Bürgermeisters vom 30. April 1932 war die statutenmäßige Wahl des Vorstandes der Synagogengemeinde Ueckermünde nicht mehr durchführbar, da nur noch drei wahlfähige Mitglieder in Ueckermünde lebten.[274] Die Regierung in Stettin empfahl daraufhin, „das Frauenwahlrecht – aktiv und passiv – einzuführen oder die Gemeinde mit der von Pasewalk zusammenzulegen."[275] Dazu kam es dann offenbar auch, denn in einem Ende des Jahres 1932 genehmigten Nachtrag zum Statut der Synagogengemeinde Pasewalk wurde die Ueckermünder Gemeinde in den Pasewalker Synagogenbezirk mit aufgenommen.[276]

4.6. Der Niedergang der Synagogengemeinde nach 1933

Mit dem Machtantritt Adolf Hitlers am 30. Januar 1933 veränderte sich auch die Situation der Pasewalker Juden grundlegend. Der Gemeinde gehörten in diesem Jahr gemäß einem Mitgliederverzeichnis insgesamt noch 39 Personen an.[277] Wie überall in Deutschland kam es auch in Pasewalk verstärkt zu antisemitischen Diffamierungen und Ausschreitungen. So untersagten am 15. März 1933 sieben Anhänger der NSDAP dem von der Synagogengemeinde beschäftigten Schächter Herrn Mann aus Swinemünde auf dem Pasewalker Schlachthof das Schächten und beschlagnahmten sein Schlachtmesser.[278] Die reichsweit gesteuerten Boykottaktionen gegen jüdische Geschäfte und Unternehmen am 1. April 1933 trafen

---
273 Vgl.: Führer durch die jüdische Gemeindeverwaltung und Wohlfahrtspflege in Deutschland 1932-33, S. 75.
274 APS, 73 Oberpräsidium von Pommern in Stettin, Nr. 4522, o. S.
275 Ebd.
276 Ebd.
277 CJA, 1,75 A Pa 3 Pasewalk, Nr. 19, S. 124 f. (siehe Anhang).
278 Vgl.: Krüger, Egon / Wilhelmus, Wolfgang: Pasewalk, in: Diekmann, Irene (Hrsg.): Wegweiser durch das jüdische Mecklenburg-Vorpommern. Im Auftrag des MMZ für europäisch-jüdische Studien, Bd. II, Potsdam 1998, S. 173.

auch die Pasewalker Juden.[279] So schrieb Friedel Behrendt: „Als zu Beginn der Naziherrschaft die Boykottposten vor den jüdischen Geschäften standen, blockierten sie auch die Eingangstür zu unserem Bürohaus. Vater ging möglichst bei Tageslicht nach Hause, da es schon vorgekommen war, dass ihm im Dunkeln Steine am Kopf vorbeisausten."[280] Auf die nationalsozialistischen Schikanen reagierten die Pasewalker Juden unterschiedlich. Während Unternehmer Paul Behrendt bereits große Skepsis hegte, blieb sein Sohn Hans, der mittlerweile die Führung der väterlichen Fabrik übernommen hatte, zunächst noch optimistisch. Seine von Friedel Behrendt überlieferte Äußerung: „Was soll uns denn passieren […]. Wir tun ihnen doch nichts"[281], die eine fatale Unterschätzung des nationalsozialistischen Regimes darstellte, war letztlich symptomatisch für die Auffassung vieler deutscher Juden, dass die Hitler-Regierung genauso schnell wieder verschwinden würde, wie sie gekommen war. Doch in der folgenden Zeit erhielt das Behrendtsche Unternehmen immer weniger Aufträge. Als im Frühjahr 1934 auch noch die Kredite verweigert wurden, war es nicht mehr möglich, den Angestellten der Firma ihren Lohn zu zahlen. Daraufhin wurde Paul Behrendt verhaftet. Nachdem sein Sohn Hans die Freilassung des Vierundsiebzigjährigen durchgesetzt hatte, wurde er selbst für einige Tage inhaftiert.[282] Von diesen Vorgängen zutiefst erschüttert schloß Paul Behrendt den Betrieb umgehend. Einen Teil der Maschinen und sämtliche Modelle kaufte die Veltener Eisengießerei „zu einem Spottpreis."[283] Vater und Sohn Behrendt wurden dort zur Sicherung der Produktion zunächst noch angestellt.

In den folgenden Jahren verschärfte sich der Terror gegen die Pasewalker Juden, wie überall in Deutschland. Ihre Zahl sank in Folge von Überalterung und Abwanderung stetig weiter. So wurden 1937 nur noch 36 erwachsene Juden in Pasewalk erfasst.[284] Da durch das „Gesetz über das jüdische Schulwesen" jüdische Kinder ab 1936 vom allgemeinen Schulwesen ausgeschlossen wurden, waren jüdische Familien mit schulpflichtigen Kindern bald gezwungen, in größere Städte wie Stettin überzusiedeln, wo es noch jüdische Schulen gab. Ein weiterer Grund für die Abwanderung in die Großstädte war die Hoffnung auf Anonymität, die in einem kleinen Ort wie Pasewalk nicht gegeben war. Nur gelegentlich gab es hier Solidaritätsbekundungen, wie aus einem Lagebericht der Staatspolizeistelle Stettin

---

279 Vgl.: Wilhelmus, Wolfgang: Geschichte der Juden in Pommern, Rostock 2004, S. 148.
280 Behrendt, Friedel: Eine Frau in zwei Welten, Berlin (Ost) 1963, S. 194.
281 Ebd.
282 Ebd., S. 195.
283 Ebd., S. 196.
284 Vgl.: Pasewalk, Kreis Ueckermünde, in: Keyser, Erich (Hrsg.): Deutsches Städtebuch, Handbuch städtischer Geschichte, im Auftrage der Konferenz der landesgeschichtlichen Kommissionen Deutschlands mit Unterstützung des Deutschen Gemeindetages, Bd. 1, Nordostdeutschland, Stuttgart/Berlin 1939, S. 210.

hervorgeht: „Man kann immer wieder beobachten, daß es noch einen großen Prozentsatz von Volksgenossen gibt, die beim Juden ihre Einkäufe tätigen. [...] Gerade die Landbevölkerung ist es, die fast ausschließlich jüdische Geschäfte aufsucht und dabei erklärt, daß es beim Juden eben billiger sei und man eine größere Auswahl habe. Im Kr. Ückermünde ist beobachtet worden, daß von Seiten der Landbevölkerung ein gesteigertes Aufsuchen der jüdischen Geschäfte zu verzeichnen ist. Der Landrat berichtet, daß Vorsorge getroffen ist, durch eine zielbewußte Aufklärung zu erreichen, daß der Einkauf in jüdischen Geschäften völlig eingeschränkt wird."[285]

Auch die Ortspolizeibehörde der Stadt Pasewalk war nach Kräften bemüht, die Synagogengemeinde in die Enge zu treiben, wie eine polizeiliche Verfügung vom 18. Mai 1935 belegt: „Die vor Ihrem Hause Grabenstrasse 3 befindlichen Treppenstufen ragen in den Bürgersteig hinein und bilden ein Hindernis für den Verkehr auf dem Bürgersteig. Im Interesse der öffentlichen Sicherheit kann dieser Zustand nicht mehr geduldet werden."[286] Der Gemeindevorstand wurde aufgefordert, die in den Bürgersteig hineinragenden Treppenstufen umgehend zu beseitigen. Die Behörde behielt sich vor, im Falle einer nicht fristgemäßen Herstellung des angeordneten Zustandes „den hierzu nötigen und vorläufig auf 60,- M festgesetzten Kostenvorschuss im Zwangswege von Ihnen beizutreiben."[287] Die absurde Forderung, einige Treppenstufen zu beseitigen, an welchen über einhundert Jahre niemand Anstoß genommen hatte, ließ keinen Zweifel daran, dass die Pasewalker Juden auch von den örtlichen Behörden keinerlei Unterstützung zu erwarten hatten.

Trotz des rapiden Rückgangs der jüdischen Bevölkerung in Pasewalk und der vielfältigen nationalsozialistischen Schikanen war die Pasewalker Synagogengemeinde bemüht, das Gemeindeleben und das Vereinswesen aufrechtzuerhalten.[288] So hatte die Gemeinde noch im Oktober 1934 das einhundertjährige Bestehen ihrer Synagoge mit einem Weihegottesdienst und einer Gedenkfeier begangen.[289] Im selben Monat ließ der Vorstand Instandsetzungsarbeiten an den Gemeindegebäuden durchführen.[290] Diese bestanden in der Erneuerung zweier

---

285 Thevoz, Robert / Branig, Hans / Lowenthal-Hensel, Cecile: Pommern 1934/35 im Spiegel von Gestapo-Lageberichten und Sachakten. Veröffentlichungen aus den Archiven Preußischer Kulturbesitz, Köln/Berlin 1974, Bd. 2, S. 103.
286 CJA, 1,75 A Pa 3 Pasewalk, Nr. 19, S. 92.
287 Ebd.
288 Ebd., Nr. 82, S. 4.
289 Vgl.: Krüger, Egon / Wilhelmus, Wolfgang: Pasewalk, in: Diekmann, Irene (Hrsg.): Wegweiser durch das jüdische Mecklenburg-Vorpommern. Im Auftrag des MMZ für europäisch-jüdische Studien, Bd. II, Potsdam 1998, S. 173.
290 CJA, 1,75 A Pa 3 Pasewalk, Nr. 19, S. 13.

Schornsteine und einer Aschgrube. Die Kosten für diese baulichen Maßnahmen beliefen sich auf 257,73 Reichsmark und wurden zur Entlastung der Pasewalker Gemeinde zu fünfzig Prozent vom Preußischen Landesverband jüdischer Gemeinden übernommen.[291]

Der für Pasewalk zuständige Rabbiner war bis 1935 der Stettiner Rabbiner Dr. Max Elk.[292] Nach dessen Emigration nach Palästina übernahm Dr. Karl Richter aus Stuttgart im Februar 1936 das Rabbinat in Stettin und damit auch die Aufgaben seines Vorgängers in Pasewalk.[293] Den Religionsunterricht in der Pasewalker Gemeinde übernahm Ende des Jahres 1936 Herr Mayer aus Gollnow, der damit den Lehrer und Schächter Herrn Mann aus Swinemünde ablöste.[294] Der Unterricht umfasste allerdings nur noch „einige Stunden an einem Tage in der Woche."[295] Am 14. November 1936 fanden hier nochmals Gemeindewahlen statt, für die 29 Personen stimmberechtigt waren.[296] Es waren jedoch die letzten Gemeindewahlen in Pasewalk, denn im März 1938 verloren die Synagogengemeinden durch das Gesetz über die Rechtsverhältnisse der jüdischen Kulturvereinigungen und ihre Verbände endgültig ihren Status als Körperschaften des öffentlichen Rechts.[297]

Nachdem am 14. Juni 1938 ein Erlass zur Anlage öffentlicher Verzeichnisse der jüdischen Gewerbebetriebe ergangen war, welche die Grundlage für die Zugriffe auf jüdische Geschäfte und Unternehmen bildeten, wurden auch in Pasewalk die noch verbliebenen Geschäfte jüdischer Inhaber erfasst. Die Behörden registrierten hier vier Unternehmen, die jedoch bis Ende 1938 „arisiert" waren.[298] Die letzten Pasewalker Juden wurden entweder enteignet oder gezwungen, ihren Besitz weit unter Wert zu veräußern. So mußten der Kaufmann Benno Schlochauer, der Viehhändler Caesar Zobel, sein Bruder Max Zobel und die Witwe Flora Räsener ihre Grundstücke an „arische" Landwirte aus Pasewalk verkaufen.[299]

In der „Reichspogromnacht" am 9. November 1938 stand auch die Pasewalker Synagoge in Flammen. Augenzeugen berichteten, „dass die Feuerwehr nicht eingreifen durfte. Sie sollte nur verhindern, dass das Feuer auf die Nachbargebäude

---

291 Ebd., S. 129.
292 Vgl.: Walk, Joseph: Kurzbiographien zur Geschichte der Juden 1918–1945, München 1988, S. 78.
293 Vgl.: Ebd., S. 309.
294 CJA, 1,75 A Pa 3 Pasewalk, Nr. 19, S. 1.
295 Ebd.
296 Vgl.: Wilhelmus, Wolfgang: Geschichte der Juden in Pommern, Rostock 2004, S. 182.
297 Vgl.: Wilhelmus, Wolfgang: Juden in Vorpommern, Schwerin 1996, S. 71.
298 Vgl.: Frankiewicz, Bogdan: Das Schicksal der Juden in Pommern nach 1933, in: Der faschistische Pogrom vom 9./10. November 1938 – Zur Geschichte der Juden in Pommern, Wissenschaftliche Beiträge der Ernst-Moritz-Arndt-Universität Greifswald, Greifswald 1989, S. 45.
299 APS, 73 Oberpräsidium von Pommern in Stettin, Nr. 6172, S. 5 ff.

übergriff, zumal sich in unmittelbarer Nähe ein Spritlager befand. SA und SS standen mit entsicherten Waffen bereit, um zu schießen, falls Löscharbeiten an der Synagoge einsetzen sollten."[300] Der jüdische Friedhof, auf dem noch im Oktober 1938 eine letzte Beerdigung stattgefunden hatte, wurde verwüstet und die kleine Friedhofskapelle in Brand gesteckt.[301] Einige jüdische Männer wurden verhaftet.[302] In den umliegenden Ortschaften kam es ebenfalls zu antisemitischen Ausschreitungen. Sie sind in einem Lagebericht des Regierungspräsidenten Stettin vom 10. November 1938 dokumentiert: „Ückermünde: Synagoge innen demoliert und ausgeräumt. Gebrauchsgegenstände auf dem Schloßhof verbrannt. Keine Plünderung. Zwei jüdische Geschäfte Schaufenster eingeschlagen. Beim früheren jüdischen Med. Rat Dr. Glaser 6 Altertumswaffen und 2 neue Teschings sichergestellt. Herausgabe erfolgte ohne Einwendungen. Torgelow: Fenster einer jüdischen Wohnung eingeschlagen."[303]

In Folge des Novemberpogroms und der zunehmenden Entrechtung verließen immer mehr Juden Deutschland, die Gemeinden wurden kleiner oder lösten sich gänzlich auf. Bei einer Volkszählung im Frühjahr 1939 wurden im Landkreis Ueckermünde noch 38 Juden erfasst, davon 16 in Pasewalk.[304] Hinzu kamen die „Mischlinge ersten und zweiten Grades", wie sie seit dem Erlass der Nürnberger Gesetze im Jahr 1935 tituliert wurden. Im ganzen Landkreis waren es 28 Personen, davon vier in Pasewalk.[305] Einer anderen, ebenfalls aus dem Jahr 1939 stammenden Aufstellung des Reichsamtes für Statistik zufolge lebten in Pasewalk folgende Juden: James Lewin, Käte Lewin, Margot Lewin, Bianka Putziger, Siegfried Loewe, Gustav Rosenzweig, Arthur Rosenzweig, Benno Schlochauer, Lina Schlochauer, Klara Alexander, Siegbert Schlochauer, Sarah Stankowski, Artur Tarrasch, Hugo Translateur, Frieda Translateur, Max Zobel und Gertrud Zobel. Als „Mischlinge ersten Grades" galten Bruno Pietz, Agnes Stankowski, Paul Steponat und Karl-Heinz Werth, als „Mischlinge zweiten Grades" Siegfried Pietz und Eva-Maria Pietz.[306] Obgleich sich die Lage der Pasewalker Juden mehr und

---

300 Krüger, Egon: Über die Juden in Pasewalk nach 1933, in: Der faschistische Pogrom vom 9./10. November 1938 – Zur Geschichte der Juden in Pommern, Wissenschaftliche Beiträge der Ernst-Moritz-Arndt-Universität Greifswald, Greifswald 1989, S. 125.
301 Vgl.: Wilhelmus, Wolfgang: Juden in Vorpommern, Schwerin 1996, S. 75.
302 Vgl.: Krüger, Egon / Wilhelmus, Wolfgang: Pasewalk, in: Diekmann, Irene (Hrsg.): Wegweiser durch das jüdische Mecklenburg-Vorpommern. Im Auftrag des MMZ für europäisch-jüdische Studien, Bd. II, Potsdam 1998, S. 174.
303 GstAPK, Rep. 90 Staatsministerium, Annex P Geheime Staatspolizei, Nr. 59, S. 17. (siehe Anhang)
304 BArch, R 1509 / 2161, S. 9.
305 Ebd.
306 Ebd., Datenbank Volkszählung.

mehr zuspitzte, fanden sie kaum Unterstützung bei ihren nichtjüdischen Mitbürgern. „Nur einzelne Pasewalker schützten Juden in ihrer lebensbedrohlichen Situation. Zu ihnen gehörten der evangelische Superintendent W. G. Friedrich und Kantor Cuno Fleischer, die in der schweren Zeit Juden zeitweilig beherbergten."[307] Als Gestapo und SS in der Nacht vom 11. zum 12. Februar 1940 über 1100 Juden aus dem Regierungsbezirk Stettin verhafteten, waren auch 28 Juden des Kreises Ueckermünde betroffen, davon neun aus Pasewalk. „Dies waren [...] Siegfried Loewe, Arthur und Gustav Rosenzweig, Thea Tosk sowie die Familien Lefébre und Schlochauer sowie aus Löcknitz Johanne Scharlak und die Familien Fürst, Leske, Rummelsburg, Schwarzweiss und Wolfsfeld."[308] Sie wurden zum Stettiner Güterbahnhof gebracht und anschließend nach Lublin im besetzten Polen deportiert. Die Vermögenswerte der „umgesiedelten" Juden wurden umgehend beschlagnahmt. In einem Schreiben des Oberfinanzpräsidenten Pommern in Stettin an das Finanzamt Pasewalk vom 30. Oktober 1940 hieß es dazu: „Für die Einziehung, Verwertung und Abrechnung von Vermögensteilen der evakuierten Juden ist die in Abschrift beiliegende allgemeine Devisengenehmigung erteilt worden. Die für Steuerforderungen an evakuierte Juden gepfändeten oder beschlagnahmten Werte irgendwelcher Art dürfen nach Erfüllung der Verpflichtung nicht den Juden zur Verfügung gestellt werden. Die freizugebenden Werte unterliegen als Eigentum der evakuierten Juden ebenfalls der Verwaltung des Obertreuhändlers Dr. Lenz – Stettin. Dieser ist vom Regierungspräsidenten als Obertreuhändler für die gesamte Abwicklung bestellt worden."[309]

In einem auf den 11. Juli 1940 datierten, vom pommerschen Regierungspräsidenten an die Devisenstelle in Stettin gesendeten Verzeichnis der von den „evakuierten" Juden hinterlassenen Geldbeträge sind auch die Namen dreier Pasewalker Juden vermerkt. Demnach beschlagnahmte man bei Gustav Rosenzweig 12 Reichsmark, bei Max Zobel 30 Reichsmark und bei Albert Lefébre 20 Reichsmark.[310] Einer am 31. Dezember 1941 erstellten Ergänzung dieser Aufstellung sind weitere Angaben zu geraubten Vermögenswerten von Pasewalker Juden zu entnehmen. So wurden bei Johanna Zobel 9.570,41 Reichsmark eingezogen, bei Siegbert Schlochauer 828,86 Reichsmark und bei dem Ehepaar Lefébre 1.272,81 Reichsmark.[311]

---

307 Krüger, Egon / Wilhelmus, Wolfgang: Pasewalk, in: Diekmann, Irene (Hrsg.): Wegweiser durch das jüdische Mecklenburg-Vorpommern. Im Auftrag des MMZ für europäisch-jüdische Studien, Bd. II, Potsdam 1998, S. 175.
308 Ebd.
309 LA Greifswald, Rep. 90 a Pasewalk, Nr. 6, S. 151.
310 Ebd., Rep. 90, Nr. 554, S. 26 ff.
311 Ebd., Nr. 185, S. 1 ff.

Die deportierten Juden wurden nach ihrer Ankunft in Lublin weiter nach Piaski, Glusk und Belzyce transportiert.[312] Bereits hier kamen viele der Verschleppten durch die unmenschlichen Bedingungen zu Tode.[313] Die Überlebenden wurden 1942 weiter in die Vernichtungslager deportiert. Wahrscheinlich überlebte keiner von ihnen.[314]

Die Geschichte der Familie Behrendt ist exemplarisch für das Schicksal der Pasewalker Juden. Nachdem Paul Behrendt sein Unternehmen infolge nationalsozialistischer Schikanen hatte aufgeben müssen, zog er mit seiner Familie 1936 nach Berlin[315], wo er im Dezember 1939 als gebrochener Mann verstarb.[316] Seine Frau Martha wurde 66-jährig zunächst zur Arbeit in einer Berliner Fabrik dienstverpflichtet und im Spätsommer 1942 nach Theresienstadt verschleppt. Wenige Monate nach ihrer Ankunft starb sie an Typhus.[317] Behrendts Tochter Trudel wurde 1943 in das Vernichtungslager Auschwitz deportiert und dort ermordet.[318] Sein Sohn Albert emigrierte mit Frau und Kindern nach Palästina, Tochter Gretel und Sohn Hans gingen nach Großbritannien.[319] Tochter Friedel rettete sich nach Dänemark und floh nach dem deutschen Einmarsch in Dänemark weiter in die Sowjetunion, wo sie sich später im Nationalkomitee „Freies Deutschland" engagierte. Nach Kriegsende kehrte sie nach Deutschland zurück und lebte bis zu ihrem Tod im Dezember 1978 in Berlin.[320] Einigen Vettern und Cousinen von Friedel Behrendt gelang die Auswanderung nach Nordamerika, England, Holland, Lichtenstein und in die Schweiz.[321] Aber ein beträchtlicher Teil der großen Familie kam in den nationalsozialistischen Konzentrationslagern um.

---

312 Vgl.: Frankiewicz, Bogdan / Wilhelmus, Wolfgang: Selbstachtung wahren und Solidarität üben. Pommerns Juden während des Nationalsozialismus, in: Heitmann, Margret / Schoeps, Julius H. (Hrsg.): „Halte fern dem ganzen Lande jedes Verderben ..." Geschichte und Kultur der Juden in Pommern, Hildesheim 1995, S. 465 f.
313 Vgl.: Wilhelmus, Wolfgang: Aus der Geschichte der Juden in Vorpommern, in: Diekmann, Irene (Hrsg.): Wegweiser durch das jüdische Mecklenburg-Vorpommern. Im Auftrag des MMZ für europäisch-jüdische Studien, Bd. II, Potsdam 1998, S. 32.
314 Vgl.: Krüger, Egon / Wilhelmus, Wolfgang: Pasewalk, in: Diekmann, Irene (Hrsg.): Wegweiser durch das jüdische Mecklenburg-Vorpommern. Im Auftrag des MMZ für europäisch-jüdische Studien, Bd. II, Potsdam 1998, S. 175.
315 Vgl.: Behrendt, Friedel: Eine Frau in zwei Welten, Berlin (Ost) 1963, S. 196.
316 Vgl.: Ebd., S. 260.
317 Vgl.: Ebd., S. 360 ff.
318 Vgl.: Ebd., S. 362.
319 Vgl.: Ebd., S. 196, 257 und 260.
320 Vgl.: Freie Erde, Bezirkszeitung Neubrandenburg, Lokalseite Pasewalk vom 10. und 29. November 1988.
321 Vgl.: Behrendt, Friedel: Eine Frau in zwei Welten, Berlin (Ost) 1963, S. 256.

Zusammenfassung

Abschließend läßt sich konstatieren, dass die im vorangegangenen Abschnitt nachvollzogene Entwicklung der Pasewalker Synagogengemeinde von ihren Anfängen bis zu ihrem Niedergang allgemein als charakteristisch für das Schicksal der jüdischen Gemeinden in Pommern zu werten ist.

Wie vielerorts in Pommern konnten sich auch in Pasewalk vor Beginn des 19. Jahrhunderts nur vereinzelt Juden niederlassen[322], die Bildung einer Synagogengemeinde kam hier bis dahin nicht zustande. Erst im frühen 19. Jahrhundert siedelten sich in Folge des durch Friedrich Wilhelm III. erlassenen Toleranzediktes von 1812 in Pasewalk zunehmend Juden an und die Stadt entwickelte sich allmählich zu einem bedeutenden Zentrum jüdischen Lebens in Pommern. Ab dem Jahre 1812, in dem zwei Juden in Pasewalk registriert wurden[323], stieg die Zahl der jüdischen Einwohner Pasewalks stetig. Lebten hier 1816 noch 32 Juden, waren es 1832 bereits 158.[324] Dieses Wachstum basierte jedoch weniger auf einer starken Zuwanderung, sondern vielmehr auf einer hohen Geburtenrate. In Konsequenz des permanenten Anstiegs der jüdischen Bevölkerung in Pasewalk und den umliegenden Orten erfolgte im Jahre 1820 die Gründung der Pasewalker Synagogengemeinde. Seit 1834 verfügte diese auch über ein eigenes Gotteshaus, was wiederum den Zuzug weiterer Juden nach Pasewalk förderte. So hatten sich bis zum Jahr 1843 immerhin 226 Juden in der Kleinstadt niedergelassen.[325] Damit stellte die Pasewalker Synagogengemeinde im vorpommerschen Teil des Regierungsbezirks Stettin hinter der Stettiner Gemeinde, der mittlerweile 519 Juden angehörten, die zweitgrößte Gemeinde dar. In den folgenden Jahren hielt das Wachstum der jüdischen Bevölkerung in Pasewalk und den umliegenden Ortschaften weiter an, so dass der Gemeinde 1855 insgesamt schließlich 318 Personen angehörten.[326] Damit hatte die Pasewalker Judenschaft ihren zahlenmäßig höchsten Stand erreicht. In diese Entwicklungsphase der jüdischen Gemeinde zu Pasewalk fällt auch ihre

---

322 Vgl.: Grotefend, Ulrich: Geschichte und rechtliche Stellung der Juden in Pommern. Von den Anfängen bis zum Tode Friedrich des Großen, Marburg 1931, S. 36; Pasewalk, in: Avneri, Zwi (Hrsg.): Germania Judaica, 3 Bände, Bd. II, Von 1238 bis zur Mitte des 14. Jahrhunderts, 2. Halbband, Maastricht – Zwolle, Tübingen 1968, S. 646.
323 Vgl.: Pasewalk, Kreis Ueckermünde, in: Keyser, Erich (Hrsg.): Deutsches Städtebuch, Handbuch städtischer Geschichte, im Auftrage der Konferenz der landesgeschichtlichen Kommissionen Deutschlands mit Unterstützung des Deutschen Gemeindetages, Bd. 1, Nordostdeutschland, Stuttgart/Berlin 1939, S. 210.
324 APS, 92 Regierung Stettin, Nr. 10596, o. S.
325 Ebd., Nr. 10757, o. S.
326 Ebd.

Blütezeit. Mitte des 19. Jahrhunderts verfügte sie bereits über einen eigenen Friedhof mit einer kleinen Kapelle, einen Wohltätigkeitsverein, eine Armenkasse, einen Frauen- und einen Lichtverein sowie eine dreistufige Religionsschule. Die in Pasewalk angestellten Rabbiner und Kantoren wechselten auffallend häufig, weil sie über kurz oder lang einen größeren Wirkungskreis suchten oder eine finanziell lohnendere Anstellung fanden. Dieses Phänomen kann jedoch nicht als spezifisch für die Pasewalker Synagogengemeinde gelten, sondern war in vielen jüdischen Gemeinden Pommerns zu beobachten.

Während die Zahl der jüdischen Einwohner Pasewalks bis in die 1850er Jahre stetig gestiegen war, setzte bereits um 1860 eine rückläufige Entwicklung ein, deren Ursachen vor allem in der Abwanderung in die Ballungszentren und der Auswanderung nach Übersee lagen, aber auch in der sinkenden Geburtenrate und der zunehmenden Überalterung zu sehen sind. In Folge dessen ging die Anzahl der Juden in Pasewalk bis 1900 auf 162 zurück.[327] Damit war die Gemeinde im Vergleich zum Jahr 1855 nahezu um die Hälfte geschrumpft.

Obgleich es in Pasewalk einen Antisemitenverein gab und hier auch ein antijüdisches Blatt erschien[328], gestaltete sich das Zusammenleben der Pasewalker Juden mit ihren christlichen Mitbürgern offenbar überwiegend einvernehmlich.[329] Bereits seit 1849 waren jüdische Bürger wiederholt ins Stadtverordnetenkollegium gewählt worden.[330] Viele Mitglieder der jüdischen Gemeinde genossen ein hohes Ansehen in Pasewalk und auch die jüdischen Geschäfte erfreuten sich großer Beliebtheit. Ungeachtet dieser positiven Entwicklung kam es innerhalb der Gemeinde immer wieder zu erbitterten Streitigkeiten, die vor allem auf der Frage um die Verteilung der Lasten sowie auf der zunehmenden Diskrepanz zwischen liberalen und orthodoxen Auffassungen in der Gemeinde beruhten. Derartige Auseinandersetzungen fanden in vielen Synagogengemeinden statt, waren also keineswegs ungewöhnlich, allerdings sind sie besonders für die Pasewalker Gemeinde aktenkundig geworden.

Nach der Jahrhundertwende setzte sich der Rückgang der jüdischen Bevölkerung Pasewalks indes weiter fort. So lebten hier 1932 nur noch 83 Juden.[331] Neben den bereits angeführten Ursachen spielte in diesem Zusammenhang wohl auch der in der Endphase der Weimarer Republik zusehends stärker werdende Antise-

---

327 Vgl.: Pasewalk, in: Meyers Großes Konversations-Lexikon, Bd. 15, Leipzig/Berlin 1908, S. 476.
328 Vgl.: Der Gemeindebote, Beilage zur AZJ, 60. Jg., Nr. 1 (3. Jan. 1896), S. 2.
329 Vgl.: Ebd., 65. Jg., Nr. 49 (6. Dez. 1901), S. 2.
330 Vgl.: Der Orient, 10. Jg., Nr. 33 (18. Aug. 1849), S. 152; Der Gemeindebote, Beilage zur AZJ, 65. Jg., Nr. 49 (6. Dez. 1901), S. 2.
331 Vgl.: Führer durch die jüdische Gemeindeverwaltung und Wohlfahrtspflege in Deutschland 1932-33, S. 72.

mitismus eine Rolle, der in Pasewalk mehr und mehr an Gewicht gewann.[332] In Folge dessen wanderten viele Pasewalker Juden in die Großstädte ab, weil sie sich dort mehr Anonymität erhofften. Eine solche Entwicklung hatten jedoch die meisten jüdischen Gemeinden Pommerns zu verzeichnen.

Der Machtantritt der Nationalsozialisten im Januar 1933, der für alle Juden im „Deutschen Reich" einen dramatischen Einschnitt bedeutete, leitete schließlich auch den Niedergang der Pasewalker Synagogengemeinde ein. Wie überall in Deutschland waren auch die Juden Pasewalks nun verstärkt antisemitischen Diffamierungen, Schikanen und Ausschreitungen ausgesetzt. Ihre Zahl sank im Zuge dessen beständig weiter. Bei einer Volkszählung im Frühjahr 1939 wurden in Pasewalk noch 16 Juden erfasst.[333] Im Februar 1940 wurden die verbliebenen jüdischen Einwohner Pasewalks aus ihren Wohnungen verschleppt und mit über 1000 anderen Juden aus dem Regierungsbezirk Stettin nach Lublin im okkupierten Polen deportiert. Wahrscheinlich überlebte keiner von ihnen.

Nach Kriegsende richteten Pasewalker Bürger den in der „Reichspogromnacht" im November 1938 völlig verwüsteten jüdischen Friedhof wieder her und die jüdische Landesgemeinde Mecklenburg-Vorpommern ließ einen etwa zwei mal zwei Meter großen Gedenkstein mit der hebräischen und deutschen Inschrift „Zur Erinnerung an den jüdischen Friedhof" errichten.[334] In den 1980er Jahren veranlasste die Stadt Pasewalk auch die Ausbesserung der Friedhofsmauer und den Einbau eines neuen Eingangstores mit Davidsternen. Neben diesem Tor befindet sich seit 1997 eine Gedenktafel mit einigen Angaben zur Geschichte der Pasewalker Juden.

Unweit des einstigen Standortes der ebenfalls in der Pogromnacht zerstörten Synagoge ließ der Rat der Stadt Pasewalk 1988 in der Marktstraße eine Gedenktafel mit der Inschrift anbringen: „Am 9. November 1938, in der sogenannten Reichskristallnacht, wurde auch in Pasewalk die Synagoge, 40 Meter von hier, durch Brand zerstört."

Zu Ehren der jüdischen Familie Behrendt wurde bereits in den 1950er Jahren in der Haussmannstraße, wo sich einst ihre Fabrik befand und noch heute ihr Wohnhaus steht, ein Gedenkstein aufgestellt, der die Inschrift trägt: „Dem Stadtrat Paul Behrendt und seinen dem Faschismus zum Opfer gefallenen Familienmitgliedern zum Gedächtnis."

In jüngster Zeit gibt es in Pasewalk erfreulicher Weise wieder verstärkte Bemühungen, dem Vergessen entgegenzuwirken. Mit Stolpersteinen – Plaketten aus

---

332 Vgl.: Wilhelmus, Wolfgang: Juden in Vorpommern, Schwerin 1996, S. 59.
333 BArch, R 1509 / 2161, S. 9.
334 Vgl.: Hergt, Angelika: Pasewalk, in: Führer, Cordula / Wolff, Kathrin: Zeugnisse jüdischer Kultur. Erinnerungsstätten in Mecklenburg-Vorpommern, Brandenburg, Berlin, Sachsen-Anhalt, Sachsen und Thüringen, Berlin 1992, S. 45.

Messing, die aus dem Grau der Gehwegplatten hervorstechen – will die Stadt an einstige jüdische Mitbürger erinnern und Anstöße zum Nachdenken vermitteln.[335] Gesetzt wurden die Steine, die die Lebensdaten von Pasewalker Juden tragen, dort, wo jene ihr Zuhause hatten. Vor dem Wohnhaus der Familie Behrendt wurden im August 2005 die ersten drei Stolpersteine verlegt, „es waren die ersten nicht nur in Pasewalk, sondern in ganz Mecklenburg-Vorpommern."[336] Sie erinnern an Paul Behrendt, seine Frau Martha und Tochter Gertrud. Inzwischen sind weitere 19 Steine in Pasewalk gesetzt worden. Letztlich soll den Opfern mit dieser Initiative eine Identität gegeben und ein Stück Stadtgeschichte aufgearbeitet werden. Es bleibt zu wünschen, dass diese Zeichen gegen das Verdrängen und Vergessen die Pasewalker auch nachhaltig für die Schicksale der einstigen jüdischen Mitbürger sensibilisieren.

---

335 Vgl.: Stelzer, Christian: Anstöße zum Nachdenken, in: Nordkurier vom 27./28. Jan. 2007, S. 3.
336 Ebd.

6. Anhang

6.1. Tabellen

Tabelle 1:
Nachweisung der jüdischen Einwohner in der Stadt Pasewalk 1816

Familienvater	dessen Geburtsort	Frau	deren Geburtsort	Kinder	deren Geburtsort
Abraham Jacoby	Greifenhagen	Keile Liepmann	Strelitz	Liepmann Jette	Pasewalk Pasewalk
Ascher Hirschberg	Frau und Familie in Prenzlau				
Abraham Baruch	Tempelburg	Frau und Familie in Strasburg			
Jacob Liepman	Strasburg	unverheiratet			
Jacob Samuel	Schwerin	Hanne Elisabeth	Bromberg	Moses Schmuel Pine Jette Hanne	Schwerin Schwerin Schwerin Schwerin Schwerin
Moses Lesfer	Schwerin	Frau und Familie in Prenzlau			
Schier Abrahamsohn	Czarnickow	Rosel Lewin	Strasburg	Blümchen Hanne	Strasburg Strasburg
Marcus Aaron Havelburg	Schwerin	Louise Jacob	Schempin	Lene Jette Aaron Rebecca	Schwerin Schwerin Garz Pasewalk

Familienvater	dessen Geburtsort	Frau	deren Geburtsort	Kinder	deren Geburtsort
Joel Joseph	Strasburg	Edel Moses	Zehdenick	Joseph	Strasburg
				Juda	Strasburg
				Hirsch	Strasburg
				Lora	Strasburg
				Friedchen	Strasburg
				Scheinchen	Strasburg

Quelle: Archivum Pánstwowe Szczecin, 92 Regierung Stettin, Nr. 10596, o.S.

Tabelle 2:
Nachweisung der jüdischen Einwohner in der Stadt Pasewalk 1832

Familienvater	dessen Geburtsort	Frau	deren Geburtsort	Kinder	deren Geburtsort
Abraham Jacoby	Greifenhagen	Keile Liepmann	Strelitz	Liepman	Pasewalk
				Jette	Pasewalk
				Charlotte	Pasewalk
				Blümchen	Pasewalk
				Rahel	Pasewalk
				Rosette	Pasewalk
Abraham Baruch	Tempelburg	Gretchen Michel	Strasburg		
Jacob Liepman	Strasburg	Jette Meyer	Coswig	Liepman	Pasewalk
				Meyer	Pasewalk
				Blume	Pasewalk
				Julie	Pasewalk
				Rahel	Pasewalk
		Witwe Samuel	Bromberg	Jette	Schwerin
				Pine	Schwerin
				Sara	Pasewalk
				Hanne	Schwerin
Schier Abrahamsohn	Czarnickow	Rosel Lewin	Strasburg	Blümchen	Strasburg
				Hanne	Strasburg
				Abraham	Pasewalk
				Jette	Pasewalk
				Samuel	Pasewalk
				Löwe	Pasewalk
				Caroline	Pasewalk

Familienvater	dessen Geburtsort	Frau	deren Geburtsort	Kinder	deren Geburtsort
Marcus Aaron Havelburg	Schwerin	Louise Jacob	Schempin	Lene	Schwerin
				Jette	Schwerin
				Aaron	Garz
				Rebecca	Pasewalk
				Sara	Pasewalk
				Caroline	Pasewalk
				Bendix	Pasewalk
				Elias	Pasewalk
				Täubchen	Pasewalk
Joel Joseph	Strasburg	Edel Moses	Zehdenick	Juda	Strasburg
				Hirsch	Strasburg
				Lora	Strasburg
				Scheinchen	Strasburg
Paisack Joseph Kohnke	Tütz	Rosel Nathan	Tütz	Joseph	Tütz
				Julie	Pasewalk
				Marcus	Pasewalk
				Mine	Pasewalk
				Isaac	Pasewalk
				Ricke	Pasewalk
				Hanne	Pasewalk
				Lewin	Pasewalk
		Witwe Rosenbaum	Rossow	Hanne	Pasewalk
				Rosette	Pasewalk
				Pine	Pasewalk
				Ernestine	Pasewalk
				Charlotte	Pasewalk
				Ricke	Pasewalk
				Jacob	Pasewalk

Familienvater	dessen Geburtsort	Frau	deren Geburtsort	Kinder	deren Geburtsort
Hirsch Friedländer	Rogasen	Jette Moses	Strelitz	Samuel	Ueckermünde
				Aaron	Ueckermünde
				Pauline	Ueckermünde
				Philipp	Pasewalk
				Jacob	Pasewalk
				Ascher	Pasewalk
Moses Samuel	Schwerin	Hane Samuel	Rogasen	Michel	Pasewalk
				Elias	Pasewalk
				Neehle	Pasewalk
				Baruch	Pasewalk
				Jeanette	Pasewalk
				Jacob	Pasewalk
Michel Löwe	Deutsch-Crone	Johanne Edel	Deutsch-Crone	Rahel	Pasewalk
				Siemchen	Pasewalk
				Hirsch	Pasewalk
				Johanna	Pasewalk
				Wolff	Pasewalk
				Henriette	Pasewalk
				Täubchen	Pasewalk
Ephraim Lehmann	Prenzlau	Mariane Götz	Penzlin	Götz	Pasewalk
				Michel	Pasewalk
				Herman	Pasewalk
				Arnow	Pasewalk
				Julius	Pasewalk

Familienvater	dessen Geburtsort	Frau	deren Geburtsort	Kinder	deren Geburtsort
Lewin Salomon	Czarnickow	Rebecca Simon; deren Mutter Gelle	Czarnickow	Sara Simon Sänger Isaac Louise Hanne	Czarnickow Czarnickow Pasewalk Pasewalk Pasewalk Pasewalk
Lewin Gerling	Schönlancke	Schöne Aaron	Schönlancke	Line Hanne Aaron Pine Hirsch	Schönlancke Pasewalk Pasewalk Pasewalk Pasewalk
Jacob Nauman	Krojanke	Hanne Heymann	Krojanke	Adelheid Moses Ephraim Sara	Pasewalk Pasewalk Pasewalk Pasewalk
David Nauman	Krojanke	Dorothee Leiser	Krojanke	Philipp Hermann Jette	Pasewalk Pasewalk Pasewalk
Michael Keibel	Czarnickow	Hane Nathan	Czarnickow	Michel-Ernst Gabriel Caroline Eduard Line Jette Nathan Samuel Aaron Bernhardt	Czarnickow Czarnickow Czarnickow Czarnickow Pasewalk Pasewalk Pasewalk Pasewalk Pasewalk Pasewalk

Familienvater	dessen Geburtsort	Frau	deren Geburtsort	Kinder	deren Geburtsort
Hirsch Levinsohn	Chodziesen	Ricke Friedländer	Berlin	Moritz Samuel Therese	Chodziesen Chodziesen Pasewalk
Peiser Berendt	Posen	Jette Hirsch	Filehne	Rahel Isabel Salomon Hirsch Reichel Röschen	Neubrück Neubrück Neubrück Neubrück Neubrück Neubrück
Joseph Levinsky	Ukraine	Sara Moser	Königsberg		
Joseph Joel Joseph	Strasburg	Mariane Aaron	Dramburg	Aaron	Pasewalk
Schmuel Samuel	Schwerin	unverheiratet			
Levy Moses	Prenzlau	unverheiratet			

Quelle: Archivum Pánstwowe Szczecin, 92 Regierung Stettin, Nr. 10596, o.S.

Tabelle 3:
Übersicht der persönlichen und gewerblichen Verhältnisse der Juden im Regierungsbezirk Stettin für die Städte Pasewalk und Ueckermünde am Ende des Jahres 1843

Name der Stadt	Pasewalk	Ueckermünde
Gesamtzahl der Juden in Übereinstimmung mit der statistischen Tabelle für 1843:		
mit Staatsbürgerrecht	222	54
ohne Staatsbürgerrecht	4	1
überhaupt	226	55
Lebensalters-, Geschlechts- und Eheverhältnisse sämtlicher Juden		
Kinder bis zur Vollendung des vierzehnten Jahres		
Knaben	39	6
Mädchen	50	11
Personen vom Anfange des fünfzehnten bis zur Vollendung des sechzigsten Jahres		
Männlich	63	20
Weiblich	62	16
Übersechzigjährige		
Männlich	7	2
Weiblich	5	-
In der Ehe leben überhaupt		
Männer	36	9
Frauen	36	9
Geschäfts- oder Gewerbsverhältnisse der selbstständigen Mitglieder der gesamten Judenschaft		
Ärzte, Lehrer, Vorsteher von Bildungsanstalten oder sonst mit Wissenschaften und schönen Künsten beschäftigt, sowie auch in ansehnlichen Kommunalämtern stehend	1	-

Name der Stadt	Pasewalk	Ueckermünde
Von Einkommen aus eigenem Vermögen, Renten oder Pensionen ohne eigenen Geschäftsbetrieb lebend	1	-
Im Handelsbetriebe für eigene Rechnung und damit verwandten Gewerben Handlungen, welche hauptsächlich mit Gelde, umlaufenden Papieren und Wechseln Geschäfte machen	-	-
Großhändler, welche eigene oder Kommissionsgeschäfte mit Waren ohne offne Läden treiben, auch Unternehmer ansehnlicher Fabriken	-	-
Kaufleute, welche offene Läden halten, ohne weiteren Unterschied der Waren, welche sie daraus verkaufen	8	4
Lieferanten, Agenten, Kommissionäre und Mäkler, auch Pfandleiher	1	-
Viktualienhändler und Höker	-	-
Trödler, welche mit gebrauchten Sachen handeln	-	-
Stehender Kramhandel, welcher nicht unter vorstehende Rubriken zu bringen ist	15	3
Handelsleute und Krämer, welche Auf- oder Verkauf im Umherziehen betreiben	14	-
In Gast- und Schankwirtschaft für eigene Rechnung Gasthöfe für die gebildeten Stände	-	-
Krüge und Ausspannungen für das Fracht- und Landfuhrwerk	-	-
Speisewirte und Garköche	-	-
Schankwirte	-	-

Name der Stadt	Pasewalk	Ueckermünde
Im Betriebe von mechanischen Künsten und Handwerken		
Juweliere, Gold- und Silberarbeiter, Pettschaftstecher, Uhrmacher und Verfertiger von mathematischen, optischen und chirurgischen Instrumenten	-	1
Handwerke, womit ein Handelsbetrieb verbunden ist, als: Kürschner, Drechsler, Radler usw.	-	2
Anderer Handwerksbetrieb ohne weiteren Unterschied des Gegenstandes desselben	3	-
Im Betriebe der Landwirtschaft und Gärtnerei, auch des Wein- und Obstbaues: In Bewirtschaftung eigener oder gepachteter Grundstücke für eigene Rechnung		
Mit Hilfe christlicher Dienerschaft oder Tagelöhner	-	-
Ganz ohne dieselben eigenhändig, oder mit jüdischen Gehilfen	-	-
Im Betriebe der Landwirtschaft und Gärtnerei, auch des Wein- und Obstbaues: In Teilnahme an für Rechnung Anderer betriebenen Landwirtschaften		
Als Verwalter, Rechnungsführer, oder sonst Wirtschaftsbeamte	-	-
Als Pächter einzelner Nutzungen, wie z. B. Milcherei, Fischerei, Obstbau, Ziegelei, Teerschwelerei usw.	-	-
In anderen, unter den vorigen nicht begriffenen selbstständig betriebenen Gewerben		
Pferdehandel	-	-
Fracht- und Lohnfuhrwerk	-	-
Brauerei, Brennerei, oder sonst Bereitung geistiger Getränke	-	-
Als gewerbliche Gehilfen		
Bei den Handelsgeschäften	1	1

Name der Stadt	Pasewalk	Ueckermünde
Bei künstlerischen Arbeiten, einschließlich der mechanischen Künstler	-	-
Bei Handwerken aller Art	2	1
Außerdem nähren sich noch Von der Verrichtung geringer Kommunal- oder Gemeindedienste	-	1
Von Tagelöhnerarbeit	-	-
Vom Gesindedienste	2	-
Von bestimmt angewiesenen Almosen, mit Einschluß der in öffentlichen Armen- und Krankenhäusern Unterhaltenen	-	1
Ohne nachzuweisenden Erwerb wie auch durch Bettelei	-	-

Quelle: Archivum Pánstwowe Szczecin, 92 Regierung Stettin, Nr. 10757, o.S.

Tabelle 4:
Übersicht der persönlichen und gewerblichen Verhältnisse der Juden im Regierungsbezirk Stettin für die Städte Pasewalk und Ueckermünde am Ende des Jahres 1861

Name der Stadt	Pasewalk	Ueckermünde
Gesamtzahl der Juden in Übereinstimmung mit der statistischen Tabelle für 1861:		
mit Staatsbürgerrecht	284	58
ohne Staatsbürgerrecht	-	-
überhaupt	284	58
Lebensalters-, Geschlechts- und Eheverhältnisse sämtlicher Juden		
Kinder bis zur Vollendung des vierzehnten Jahres		
Knaben	65	11
Mädchen	70	1
Personen vom Anfange des fünfzehnten bis zur Vollendung des sechzigsten Jahres		
Männlich	64	20
Weiblich	69	19
Übersechzigjährige		
Männlich	7	5
Weiblich	9	2
In der Ehe leben überhaupt		
Männer	50	9
Frauen	50	9
Geschäfts- oder Gewerbsverhältnisse der selbstständigen Mitglieder der gesamten Judenschaft		
Ärzte, Lehrer, Vorsteher von Bildungsanstalten oder sonst mit Wissenschaften und schönen Künsten beschäftigt, sowie auch in ansehnlichen Kommunalämtern stehend	2	2

Name der Stadt	Pasewalk	Ueckermünde
Von Einkommen aus eigenem Vermögen, Renten oder Pensionen ohne eigenen Geschäftsbetrieb lebend	4	3
Im Handelsbetriebe für eigene Rechnung und damit verwandten Gewerben		
Handlungen, welche hauptsächlich mit Gelde, umlaufenden Papieren und Wechseln Geschäfte machen	1	-
Großhändler, welche eigene oder Kommissionsgeschäfte mit Waren ohne offene Läden treiben, auch Unternehmer ansehnlicher Fabriken	6	-
Kaufleute, welche offene Läden halten, ohne weiteren Unterschied der Waren, welche sie daraus verkaufen	3	6
Lieferanten, Agenten, Kommissionäre und Mäkler, auch Pfandleiher	4	-
Viktualienhändler und Höker	-	-
Trödler, welche mit gebrauchten Sachen handeln	2	1
Stehender Kramhandel, welcher nicht unter vorstehende Rubriken zu bringen ist	9	-
Handelsleute und Krämer, welche Auf- oder Verkauf im Umherziehen betreiben	10	1
In Gast- und Schankwirtschaft für eigene Rechnung		
Gasthöfe für die gebildeten Stände	-	-
Krüge und Ausspannungen für das Fracht- und Landfuhrwerk	-	-
Speisewirte und Garköche	-	-
Schankwirte	-	-

Name der Stadt	Pasewalk	Ueckermünde
Im Betriebe von mechanischen Künsten und Handwerken Juweliere, Gold- und Silberarbeiter, Pettschaftstecher, Uhrmacher und Verfertiger von mathematischen, optischen und chirurgischen Instrumenten	-	-
Handwerke, womit ein Handelsbetrieb verbunden ist, als: Kürschner, Drechsler, Radler usw.	2	-
Anderer Handwerksbetrieb ohne weiteren Unterschied des Gegenstandes desselben	1	-
Im Betriebe der Landwirtschaft und Gärtnerei, auch des Wein- und Obstbaues: In Bewirtschaftung eigener oder gepachteter Grundstücke für eigene Rechnung Mit Hilfe christlicher Dienerschaft oder Tagelöhner	-	-
Ganz ohne dieselben eigenhändig, oder mit jüdischen Gehilfen	-	-
Im Betriebe der Landwirtschaft und Gärtnerei, auch des Wein- und Obstbaues: In Teilnahme an für Rechnung Anderer betriebenen Landwirtschaften Als Verwalter, Rechnungsführer, oder sonst Wirtschaftsbeamte	-	-
Als Pächter einzelner Nutzungen, wie z. B. Milcherei, Fischerei, Obstbau, Ziegelei, Teerschwelerei usw.	-	-
In anderen, unter den vorigen nicht begriffenen selbstständig betriebenen Gewerben Pferdehandel	1	-
Fracht- und Lohnfuhrwerk	-	-
Brauerei, Brennerei, oder sonst Bereitung geistiger Getränke	-	-
Als gewerbliche Gehilfen Bei den Handelsgeschäften	4	9

Name der Stadt	Pasewalk	Ueckermünde
Bei künstlerischen Arbeiten, einschließlich der mechanischen Künstler	-	-
Bei Handwerken aller Art	2	2
Außerdem nähren sich noch Von der Verrichtung geringer Kommunal- oder Gemeindedienste	1	-
Von Tagelöhnerarbeit	1	-
Vom Gesindedienste	1	-
Von bestimmt angewiesenen Almosen, mit Einschluß der in öffentlichen Armen- und Krankenhäusern Unterhaltenen	5	-
Ohne nachzuweisenden Erwerb wie auch durch Bettelei	9	1

Quelle: Archivum Pánstwowe Szczecin, 92 Regierung Stettin, Nr. 10757, o.S.

Tabelle 5:
Übersicht über die Mitglieder des Vorstandes und die Repräsentanten der Synagogengemeinde zu Pasewalk für die Jahre 1856, 1865, 1869, 1891 und 1901

1856	Vorstand:	M. S. Marcuse, E. Lehman, Ph. Steinberg
	Repräsentanten:	E. Samuel, H. Friedländer, M. Sternberg, M. Sänger, J. Joseph, N. Mathias, S. Salomon
1865	Vorstand:	E. Lehman, S. Auerbach, H. Naumann
	Repräsentanten:	R. Keibel, G. Lehman, Ph. Steinberg, J. Kohnke, N. Mathias, H. Behrendt, J. Rosenbaum, L. Jacoby
1869	Vorstand:	W. Loewe, H. Behrendt, A. Joseph
	Repräsentanten:	Ph. Naumann, S. Salomon, L. Hirschfeld, J. Rosenbaum, N. Mathias, R. Keibel, S. Auerbach, M. Rosner
1891	Vorstand:	A. Jacoby, H. Behrendt, H. Naumann
	Repräsentanten:	J. Sternberg, S. Behrendt, J. Mathias, S. Auerbach, Ph. Naumann, G. Lehman, J. Rosenbaum
1901	Vorstand:	A. Jacoby, Loewe, Behrendt
	Repräsentanten:	J. Sternberg, S. Loewe, Keibel, M. Louis, G. Lehman, M. Wangenheim

Quelle: Archivum Pánstwowe Szczecin, 73 Oberpräsidium von Pommern, Nr. 4503, o.S.

Tabelle 6:
Die Mitglieder des Vorstandes und die Repräsentanten der Synagogengemeinde Pasewalk im Jahre 1928

Vorstand:	Siegfried Rosenbaum, Vorsitzender, Marktstraße 13
	Siegfried Loewe, stellv. Vorsitzender, Ueckerstraße 28
	Friedrich Margoninsky, Kassenrendant, Ueckerstraße 62
	Adolf Mathias, stellv. Kassenrendant, Ueckerstraße 58
	James Lewin, stellv. Kassenrendant, Ueckerstraße 61
Repräsentanten:	Elias Mendelsohn, Marktstraße 47
	Cäsar Salomon, Marktstraße 57
	Albert Behrendt, Marktstraße
	Siegmund Mathias, Ueckerstraße 54
	Josef Brzezinski, Ueckerstraße 50
	Benno Schlochauer, Königstraße 48
Repräsentanten-Stellvertreter:	Walter Croner, Grünstraße 12
	Cäsar Zobel, Ueckerstraße 37
	Max Mathias, Ueckerstraße 54
Hausverwaltung:	Frau Plöger geb. Mutz, Hausmeisterin, Grabenstraße 3

Quelle: Stadtbuch – Wohnungsanzeiger – Pasewalk, Pasewalk 1928, S. 153.

Tabelle 7:
Juden in Pasewalk 1932/33

Pasewalk: SyG E: 12 500 (11743). J: 47. Z: 36.
Adresse: s. 1. Vors. Postscheck 3263. Bank Städt. Sparkasse. 1. Vors Siegfried Loewe. F 422. 2. Vors Caesar Salomon. Schriftf Elias Mendelsohn – Ausschüsse: SynA, UnterrichtsA, BeerdigungsA, Beaufsichtigungs- und VerwaltungsA der Grundstücke und des Friedhofs, SchätzungsA, RevisionsA der Kasse, Armen- und KrankenpflegeA Vors Siegfried Loewe – Rabb Dr Elk, Stettin – L Lippmann, Stettin – St: Schätzung. GemEt 1930: 2970. Angeschlossen: Löcknitz, Ferdinandhof.
Syn Grabenstr. 3 – Fr – Sch
Unterricht: RlU

Quelle: Führer durch die jüdische Gemeindeverwaltung und Wohlfahrtspflege in Deutschland 1932-33, S. 72.

Tabelle 8:
Übersicht über die Zahl der Juden und „jüdischen Mischlinge" in Pasewalk nach der Sonderzählung vom Mai 1939

Reichsteile	Juden			Mischlinge 1. Grades			Mischlinge 2. Grades		
	Ges.	M	W	Ges.	M	W	Ges.	M	W
Provinz Pommern	3329	1389	1940	819	409	407	595	282	313
Reg.-Bez. Stettin	1718	722	996	538	260	278	382	180	202
Lkr. Ueckermünde	38	20	18	17	7	10	11	6	5
Gem. Pasewalk, Stadt	16	9	7	2	2	–	2	1	1

Quelle: Bundesarchiv Berlin, R 1509 / 2161, S. 8 f.

Tabelle 9:
Erfassung der Juden mit Wohnort Pasewalk durch das Reichsamt für Statistik aus dem Jahr 1939

Name	Geburts-datum	Abstam-mung	Geburtsort	Adresse
1. Lewin, James	02.01.1894	JJJJ (4)	Pasewalk	Ueckerstr. 8
2. Lewin, Käte (geb. Putziger)	05.08.1897	JJJJ (4)	Arnswalde	Ueckerstr. 8
3. Lewin, Margot	27.05.1922	JJJJ (4)	Pasewalk	Ueckerstr. 8
4. Putziger, Bianka (geb. Hirschlaff)	22.04.1871	JJJJ (4)	Tempel	Ueckerstr. 8
5. Loewe, Siegfried	16.12.1862	JJJJ (4)	Pasewalk	Ueckerstr. 28
6. Pietz, Bruno	15.02.1903	NNJJ (2)	Velten	Marktplatz 25
7. Pietz, Siegfried	11.09.1935	NJNN (1)	Stettin	Marktplatz 25
8. Pietz, Eva-Maria	20.01.1938	NJNN (1)	Pasewalk	Marktplatz 25
9. Rosenzweig, Gustav	29.11.1862	JJJJ (4)	Stade	Grimstr. 12
10. Rosenzweig, Arthur	18.01.1901	JJJJ (4)	Pasewalk	Grimstr. 12
11. Schlochauer, Benno	19.01.1864	JJJJ (4)	Schivelbein	Horst-Wessel-Str. 48
12. Schlochauer, Lina (geb. Steinberg)	11.04.1867	JJJJ (4)	Brüssow	Horst-Wessel-Str. 48
13. Alexander, Klara (geb. Schlochauer)	16.08.1901	JJJJ (4)	Pasewalk	Horst-Wessel-Str. 48

Name	Geburts-datum	Abstam-mung	Geburtsort	Adresse
14. Schlochauer, Siegbert	18.07.1903	JJJJ (4)	Pasewalk	Horst-Wessel-Str. 48
15. Stankowski, Sarah (geb. Gostartowski)	27.06.1869	JJJJ (4)	keine Angaben	Markt Nr. 17
16. Stankowski, Agnes	02.09.1898	NNJJ (2)	keine Angaben	Markt Nr. 17
17. Steponat, Paul	21.04.1901	NNJJ (2)	keine Angaben	Markt Nr. 17
18. Tarrasch, Artur	09.08.1883	JJJJ (4)	Berlin	Blumenstr. 27
19. Translateur, Hugo	02.10.1883	JJJJ (4)	Lubliniec (Lublinitz)	Horst-Wessel-Str. 48
20. Translateur, Frieda (geb. Putziger)	15.03.1905	JJJJ (4)	Arnswalde	Horst-Wessel-Str. 48
21. Werth, Karl-Heinz	19.12.1938	NNJJ (2)	Pasewalk	keine Angaben
22. Zobel, Max	19.06.1888	JJJJ (4)	Kosabude	Horst-Wessel-Str. 49
23. Zobel, Gertrud (geb. Simon)	06.06.1888	JJJJ (4)	Prenzlau	Horst-Wessel-Str. 49

Quelle: Bundesarchiv Berlin, Datenbank Volkszählung (VZ).

Statut
für die Synagogen-Gemeinde zu Pasewalk.

Abschnitt I
Von der Synagogen-Gemeinde zu Pasewalk überhaupt und den Mitgliedern derselben insbesondere.

§. 1.

Die nach Maaßgabe der §§. 35 seq. des Gesetzes über die Verhältniße der Juden vom 23ten Juli 1847 gebildete Synagogen-Gemeinde zu Pasewalk umfaßt:

a, die Stadt Pasewalk,
b, die Dörfer Ferdinandshof, Wilhelmsburg, Belling, Rothenburg, Viereck, Cölenz, Kriegsdorf, Neuenkruger ?, Alt- und Neu Rothemühl, Dargitz, Eichhof, Friedrichshagen, Hammelstall, Hammer ?, Heinrichsruhe, Heinrichswalde, Jatznick, Liepe, Müggenburg, Sandförde, Sandkrug, Schönwalde, Stolzenburg, Fahrenwalde, Zerrenthin, Rossow und Löcknitz.

§. 2.

Alle innerhalb dieses Bezirks wohnenden Juden gehören der Synagogen-Gemeinde zu Pasewalk an und sind ausdrücklich dazu verpflichtet, zur Unterhaltung der Gemeinde-Bedürfniße, aus eigenen Mitteln ...

Statut für die Synagogen-Gemeinde zu Pasewalk

6.2. Dokumente

Dokument 1:
Statut für die Synagogen-Gemeinde zu Pasewalk, 1856

Abschnitt I.
Von der Synagogen-Gemeinde zu Pasewalk überhaupt und den Mitgliedern derselben insonderheit.

§ 1.
Die nach Maßgabe der nach § 35 sequ. des Gesetzes über die Verhältnisse der Juden vom 23. Juli 1847 gebildete Synagogen-Gemeinde zu Pasewalk umfaßt:
a. die Stadt Pasewalk
b. die Dörfer Ferdinandshof, Wilhelmsburg, Belling, Rothenburg, Viereck, Coblenz, Krugsdorf, Neuenkruger Revier, Alt- und Neu-Rothemühl, Dargitz, Eichhof, Friedrichshagen, Hammelstall, Hammer a/Ü., Heinrichsruhe, Heinrichswalde, Jatznick, Liepe, Müggenburg, Sandförde, Sandkrug, Schönwalde, Stolzenburg, Fahrenwalde, Zerrenthin, Rossow und Löcknitz.

§ 2.
Alle innerhalb dieses Bezirkes wohnenden Juden gehören der Synagogen-Gemeinde zu Pasewalk an und sind erforderlichen Falles verpflichtet, zur Bestreitung der Gemeinde-Bedürfnisse, aus eigenen Mitteln im Verhältnisse zu ihrem Vermögen und ihren Einkünften Geldbeiträge zu leisten.

§ 3.
Die im § 2 gedachte Beitragspflichtigkeit beginnt für jedes Mitglied der Synagogen-Gemeinde mit dem Ersten des Monates, in welchem dasselbe Gemeindeglied geworden, und dauert bis zum Letzten des Monates, in welchem der Pflichtige aufgehört hat, Mitglied der Gemeinde zu sein.

§ 4.
Die beitragenden Mitglieder zerfallen in drei Klassen.
Zu der ersten Klasse gehören diejenigen Mitglieder, welche einen jährlichen Beitrag von mindestens 12 Thlrn. leisten.
Zu der zweiten Klasse diejenigen, deren jährlicher Beitrag weniger als 12 Thlr., aber nicht unter 6 Thlr. ausmacht.
Zu der dritten Klasse gehören diejenigen Mitglieder, welche an Beitrag weniger als 6 Thlr. jährlich entrichten.

§ 5.
Ein jedes selbstständige männliche Mitglied der Synagogen-Gemeinde ist verbunden, wenigstens ein ihm nach Inhalt dieses Statutes angetragenes unbesoldetes Gemeindeamt zu übernehmen. Nur solche Gründe, welche gesetzlich von der Übernahme einer Vormundschaft befreien, entschuldigen auch von der Übernahme eines unbesoldeten Gemeindeamtes. Mitglieder der Gemeinde, welche außerhalb der Stadt Pasewalk und der zu derselben gehörenden Vorstädte wohnen, sind gleichfalls nicht verpflichtet, ein Gemeindeamt, außer dem im § 49 gedachten, zu übernehmen.

§ 6.
Wer sich der im § 5 bestimmten Verbindlichkeit beharrlich entzieht, kann von dem Vorstande und der Repräsentanten-Versammlung mit Genehmigung der Regierung der Stimmfähigkeit und Wählbarkeit für immer oder auf bestimmte Zeit verlustig erklärt oder zur Zahlung erhöhter Geldbeiträge herangezogen werden.

Abschnitt II.
Von der Vertretung der Gemeinde und der Verwaltung der Gemeinde-Angelegenheiten im Allgemeinen.

§ 7.
Der Vorstand der Synagogen-Gemeinde zu Pasewalk besteht aus drei und die Repräsentanten-Versammlung aus neun Mitgliedern.
Die Ämter der Vorsteher und Repräsentanten sind unbesoldete Ehrenämter.

§ 8.
Niemand kann zu gleicher Zeit Repräsentant und Mitglied des Vorstandes der Gemeinde sein.

Abschnitt III.
Von den Repräsentanten.

§ 9.
Zu Repräsentanten können nur männliche selbstständige Mitglieder der Gemeinde gewählt werden, welche derselben als Mitglieder bereits drei Jahre angehören und das 30. Lebensjahr zurückgelegt haben. Unter den Repräsentanten dürfen sich nicht Ascendenten und Descendenten sowie auch nicht Brüder befinden.

§ 10.
Zu Repräsentanten werden aus jeder der drei Klassen der beitragenden Mitglieder drei, zusammen also neun, gewählt, jedoch müssen sie sämmtlich ihren Wohnsitz in Pasewalk haben.

§ 11.
Die Repräsentanten werden auf sechs Jahre gewählt. Nach Ablauf der ersten drei Jahre scheidet die größere Hälfte mit fünf (einschließlich der inmittelst durch Tod oder andere Umstände Ausgeschiedenen) nach dem Loose, demnächst jedes Mal nach drei Jahren die ältere kleinere oder größere Hälfte aus. Bei der Neuwahl können die Austretenden wiederum gewählt werden, sie sind jedoch erst nach Verlauf von sechs Jahren nach ihrem Austreten gehalten, die auf sie gefallene Wahl wiederum anzunehmen.

§ 12.
Behufs der Wahl der Repräsentanten fertigt der Vorstand die Liste der nach § 41 des Gesetzes vom 23. Juli 1847 wahlberechtigten Mitglieder der Gemeinde, in besonderen Abschnitten, nach den einzelnen Orten des Synagogenbezirkes und mit Angabe der § 4 bemerkten Klassen an. Bei jedem einzelnen Mitgliede der Gemeinde ist zu bemerken, ob es bereits drei Jahre (§ 9) Mitglied der Gemeinde ist. Die so angefertigte Liste ist dem von der Regierung zur Leitung der Wahl Abgeordneten (§ 42 des Gesetzes vom 23. Juli 1847) vier Monate vor Ablauf der Wahlperiode der ausscheidenden Repräsentanten mitzutheilen. Diejenigen, welche erst nach dieser Zeit als Mitglieder der Gemeinde eintreten, können an der zunächst bevorstehenden Wahl keinen Theil nehmen.

§ 13.
Zur Wahl selbst werden die berechtigten Mitglieder der Gemeinde nach Anordnung des Regierungs-Commissarius (durch Umlaufschreiben, specielle Einladung an die einzelnen Mitglieder, durch Bekanntmachung in den an dem Hauptorte des Synagogen-Bezirkes erscheinenden Blättern, dem Kreisblatte des Kreises Ueckermünde oder durch Bekanntmachung in der Synagoge) eingeladen. Dem Vorstande ist es überlassen, ob er die bevorstehende Wahl noch anderweit zur Kenntniß der Gemeinde-Mitglieder bringen will.

§ 14.
Die persönlich anwesenden Wahlberechtigten wählen die erforderliche Anzahl Repräsentanten. Diejenigen, welche die mehrsten Stimmen für sich haben, sind zu Repräsentanten gewählt. Unter denen, welche gleiche Stimmen haben, entscheidet das Loos. Personen, welche mit den bereits vorhandenen Repräsentanten oder mit solchen, welche bei der Wahl eine größere Anzahl Stimmen erhalten haben, in der § 9 angegebenen Weise verwandt sind, können in die Repräsentanten-Versammlung nicht eintreten, und es sind diejenigen als gewählt anzusehen, welche nach denselben die meisten Stimmen haben.

§ 15.
Die über die Wahl von dem Regierungs-Abgeordneten aufgenommenen Verhandlungen werden in beglaubter Form mit Angabe des Resultates dem Vorstande zugefertigt. Eine solche Ausfertigung dient der Repräsentanten-Versammlung zu ihrer Legitimation.

§ 16.
Für den Fall des Abganges oder einer sonstigen Behinderung einzelner Repräsentanten werden in gleicher Weise von drei zu drei Jahren drei Stellvertreter, ebenfalls nach relativer Stimmenmehrheit, gewählt und zwar aus sämmtlichen Mitgliedern der Gemeinde ohne Rücksicht auf die § 4 angegebenen Klassen. Sämmtliche Stellvertreter müssen in Pasewalk wohnen, übrigens aber alle diejenigen Eigenschaften haben, welche in Ansehung der Repräsentanten erforderlich sind. Die ausgeschiedenen Vertreter sind wieder wählbar, sie können indessen die den Repräsentanten im § 11 zugestandene sechsjährige Befreiung nur dann in Anspruch nehmen, wenn sie wirklich einberufen und wenigstens zwei Jahre ununterbrochen im Amte gewesen sind.

§ 17.
Die Reihefolge, in welcher die Stellvertreter eintretenden Falles von dem Vorsitzenden der Repräsentanten-Versammlung einzuberufen sind, wird bei der Wahl derselben nach der Zahl der den Einzelnen hierbei zugefallenen Stimmen, und bei gleicher Stimmenzahl nach dem Loose bestimmt. Der Einberufene tritt wieder aus, sobald die Behinderung desjenigen aufhört, dessen Stelle er vertritt. Ist der so vertretene Repräsentant ganz ausgeschieden, so tritt der einberufene Stellvertreter auf so lange in die Zahl der Repräsentanten ein, als der Ausgeschiedene zu denselben noch gehört haben würde.

§ 18.
Die Repräsentanten wählen unter sich nach Stimmenmehrheit alljährlich einen Vorsitzenden und einen Protokollführer, sowie für jeden derselben einen (ersten und zweiten) Stellvertreter. Ist auch der Stellvertreter des Vorsitzenden verhindert, so wird der Vorsitz von demjenigen Mitgliede der Repräsentanten-Versammlung übernommen, welches unter den der Amtszeit nach ältesten auch das älteste den Lebensjahren nach ist. In dem Falle, daß auch der Stellvertreter des Protokollführers behindert ist, wird die Führung des Protokolls einem Repräsentanten nach dem Ermessen des Vorsitzenden übertragen.

§ 19.
Der Vorsitzende empfängt, erbricht und vertheilt die eingehenden Sachen. Kein eingehendes Schriftstück darf er der Versammlung vorenthalten. Er hat außerordentliche Versammlungen der Repräsentanten einzuberufen. In den Versamm-

lungen führt er den Vorsitz, ernennt den Vortragenden, bestimmt die Reihefolge der Sprecher, leitet die ganze Versammlung und hat darauf zu sehen, daß die Debatten mit Ruhe und Leidenschaftslosigkeit geführt werden. Die Mitglieder der Versammlung müssen seinen darauf bezüglichen Anordnungen Folge leisten. Kann er durch seine Ermahnungen die unterbrochene Ordnung nicht herstellen, so kann er die Discussion über den vorliegenden Gegenstand auf einige Zeit suspendiren, oder auf eine nächste Sitzung aufschieben, auch die Sitzung aufheben. Der Vorsitzende sammelt die Stimmen ein und sorgt für die richtige Abfassung der Beschlüsse.
Die Repräsentanten können, ohne von dem Vorsitzenden oder in dessen Behinderung von dem Stellvertreter desselben zusammen berufen zu sein, keine außerordentliche Versammlung halten.

§ 20.

Die Tage der ordentlichen Versammlungen der Repräsentanten werden in einer dazu anzuberaumenden außerordentlichen Versammlung festgestellt. Besonderer Einladung zu den ordentlichen Versammlungen bedarf es nicht. Dagegen sind zu außerordentlichen Versammlungen die Mitglieder durch den Vorsitzenden, oder in dessen Behinderung durch seinen Stellvertreter, unter Bekanntmachung des Berathungsgegenstandes, mittelst Umlaufes oder mittelst besonderer Schreiben, der Regel nach mit einer Frist von 8 Tagen, einzuberufen. Nur in besonders dringlichen Fällen darf die Einladung mit einer kürzeren Frist, doch niemals mit einer geringeren als von 24 Stunden geschehen.
Ohne Beobachtung dieser Förmlichkeiten kann die Versammlung keine gültigen Beschlüsse fassen.

§ 21.

Zur Beschlußfähigkeit der ordentlichen sowohl als der außerordentlichen Versammlungen bedarf es aber außerdem der Anwesenheit von wenigstens sieben Mitgliedern. Die Beschlüsse werden nach absoluter Stimmenmehrheit gefaßt. Bei vorhandener Stimmengleichheit entscheidet die Stimme des Vorsitzenden. Berührt der Vortrag das Privat-Interesse eines Mitgliedes, so muß sich dasselbe auf den Ausspruch des Vorsitzenden aus der Versammlung begeben. Auch der Vorsitzende hat sich zu entfernen, wenn der Gegenstand sein Privat-Interesse betrifft.

§ 22.

Alle Verhandlungen in den Versammlungen der Repräsentanten werden protokollirt.

§ 23.

Die Ausfertigungen der Beschlüsse der Repräsentanten-Versammlung werden von dem Vorsitzenden, dem Protokollführer und noch einem von dem Vorsitzenden zu bestimmenden Mitgliede unterzeichnet. Der Protokollführer sorgt für den Abgang der Sachen.

§ 24.

Bei der Unterschrift und in dem Siegel führt die Repräsentanten-Versammlung die Bezeichnung: „Repräsentanten der Synagogen-Gemeinde zu Pasewalk".

§ 25.

Wenn ein Mitglied der Repräsentanten-Versammlung durch criminalgerichtliches Erkenntniß die bürgerliche Ehre verloren hat, oder zur Ableistung eines nothwendigen Eides für unfähig erklärt ist, so scheidet es aus der Repräsentanten-Versammlung aus.

§ 26.

Die Funktionen eines Repräsentanten sind suspendirt:
1. wenn er unter Anklage wegen einer strafbaren Handlung gestellt ist, welche nach dem Gesetze die § 25 bemerkte Unfähigkeit nach sich zieht,
2. wenn er unter Curatel gestellt wird,
3. wenn über sein Vermögen der Concurs eröffnet wird,
4. wenn er aufhört ein beitragendes Mitglied zu sein.

Abschnitt IV.
Von dem Vorstande der Synagogen-Gemeinde.

§ 27.

Zu Vorstehern können nur männliche, beitragende, unbescholtene Gemeindeglieder gewählt werden, welche dispositionsfähig, mindestens 30 Jahr alt, wenigstens seit 3 Jahren der Gemeinde angehören und ihren Wohnsitz in Pasewalk haben.

§ 28.

Die zu wählenden Vorsteher dürfen mit schon vorhandenen Vorstandsgliedern in grader Linie gar nicht, und in der Seitenlinie nicht bis einschließlich im dritten Grade nach der Civil-Berechnung verwandt sein. Auch können nicht Stief- oder Schwiegerväter zugleich mit Stief- oder Schwiegersöhnen Mitglieder des Gemeinde-Vorstandes sein.

§ 29.

Die Wahl geschieht unter Leitung des von der Regierung nach § 42 des Gesetzes vom 23. Juli 1847 hierfür Abgeordneten in einer außerordentlichen Versammlung der Repräsentanten nach relativer Stimmenmehrheit.

§ 30.

Für den Fall des Austrittes oder einer sonstigen Behinderung einzelner Mitglieder des Vorstandes werden zugleich zwei Stellvertreter auf drei Jahre gewählt, für welche die in den vorgehenden §§ bemerkten Bedingungen gleichmäßig gelten. Die Reihefolge, in welcher diese Stellvertreter einzuberufen sind, wird bei der Wahl in gleicher Weise, wie § 17 rücksichtlich der Repräsentanten-Stellvertreter angeordnet, festgestellt.

§ 31.

Von den zuerst gewählten drei Vorstehern scheidet nach Ablauf der ersten drei Jahre die größere Hälfte mit zwei (einschließlich der inmittelst durch den eingetretenen Tod oder durch andere Ereignisse Ausgeschiedenen) nach dem Loose, demnächst jedesmal nach drei Jahren die ältere kleinere oder größere Hälfte aus. Die Abgehenden und diejenigen, welche durch erfolgten Tod oder durch andere Ereignisse ausgeschieden sind, werden sodann durch eine neue Wahl ersetzt. Die Austretenden sind wieder wählbar, sie sind jedoch nur gehalten, eine neue auf sie gefallene Wahl erst nach sechs Jahren seit ihrem Ausscheiden anzunehmen. Die wieder gewählten Stellvertreter können aber die sechsjährige Befreiung nur dann verlangen, wenn sie wirklich einberufen und wenigstens zwei Jahre ununterbrochen im Amte gewesen sind.

§ 32.

In der Regel darf nicht früher, als sechs Monate, und nicht später als drei Monate vor dem Ablauf der Dienstzeit die Wahl vorgenommen werden. Tritt indessen der Fall ein, daß so viele Vorstands-Mitglieder während ihrer Amtszeit ausgeschieden sind, daß durch die Einberufung der noch vorhandenen Stellvertreter der Vorstand nicht aus drei Mitgliedern bestehen kann, so ist solches der Regierung anzuzeigen, welche sodann für einen solchen Erledigungsfall eine außerordentliche Wahl veranlassen wird.

§ 33.

In jedem Falle muß der fungirende Vorstand so lange im Amte verbleiben, als die Wahl des neuen Gemeinde-Vorstandes von der Regierung nicht genehmigt ist.

§ 34.

Die Einführung der neu gewählten Mitglieder des Vorstandes geschieht durch eine aus drei Mitgliedern bestehende Deputation der Repräsentanten-Versammlung, welche der Vorsitzende derselben zu ernennen hat. Dieser Deputation geloben die neu eintretenden Vorsteher durch Handschlag, alle ihnen in ihrer Eigenschaft als Mitglieder des Vorstandes der Synagoen-Gemeinde vermöge allgemeiner Gesetze und besonderer Bestimmungen obliegenden Pflichten nach bestem Wissen gewissenhaft und treu zu erfüllen, sich davon durch nichts abhalten zu lassen, auch nach Kräften das Wohl des Staats und der Synagogen-Gemeinde zu fördern zu suchen.

§ 35.

Die gewöhnlichen Sitzungen des Vorstandes werden ein für allemal durch Beschluß des Kollegii auf bestimmte Tage und Stunden festgesetzt. Außerordentliche Sitzungen werden von dem Vorsitzenden angeordnet, und ist derselbe verpflichtet, die Mitglieder des Vorstandes zu einer solchen Sitzung 48 Stunden vor deren Beginne einzuladen, auch ihnen bei der Einladung den Gegenstand der Berathung bekannt zu machen.

Nur im Falle einer Gefahr im Verzuge ist demselben eine kürzere Frist für die Einladung gestattet.

§ 36.

Beschlußfähig ist der Vorstand nur, wenn derselbe vollzählig ist

§ 37.

Der Vorstand wählt unter sich alljährlich nach relativer Stimmenmehrheit einen Vorsitzenden und einen Stellvertreter desselben.

§ 38.

Der Vorsitzende hat die Geschäftsleitung und sorgt dafür, daß in dem Collegium stets eine gute Ordnung erhalten wird. Sämmtliche an den Vorstand oder an die Synagogen-Gemeinde eingehenden Sachen werden zuerst ihm vorgelegt, und er darf kein eingehendes Schriftstück dem Vorstande vorenthalten. In allen Versammlungen des Vorstandes führt er den Vorsitz und leitet den Vortrag. Er ist befugt, sich zu jeder Sitzung einer Vorstands-Commission einzufinden. Der Vorsitzende hat darauf zu achten, daß die Geschäfte in den Sessionen in bestimmter Ordnung vorgenommen und die Vorträge deutlich mit gehöriger Vollständigkeit gehalten werden. Die übrigen Mitglieder des Vorstandes müssen seinen desfallsigen Anordnungen nachkommen und der Vorsitzende hat das Recht, wenn seine Ermahnungen nicht hinreichen, um die erforderliche Ordnung und Würde zu erhalten, die Discussion über den vorliegenden Gegenstand auf einige Zeit, oder auf die nächste Sitzung zu suspendiren, allenfalls auch die Sitzung aufzuheben. Die Geschäfte vertheilt der Vorsitzende unter die Mitglieder des Collegiums und er hat darauf zu achten, daß die zu bearbeitenden Gegenstände vollständig erörtert werden.

§ 39.

In dem Collegium des Vorstandes werden die Schlüsse nach absoluter Stimmenmehrheit der Anwesenden gefaßt. Bei Stimmengleichheit entscheidet die des Vorsitzenden resp. dessen Stellvertreters.

§ 40.
Beschlüsse des Vorstandes, welche sich nach der Ansicht der Majorität dazu eignen, sowie solche, bei welchen es auf eine besondere Verantwortlichkeit der einzelnen Mitglieder ankommt, müssen, letztere auf den Antrag auch nur eines Mitgliedes, ausführlich niedergeschrieben, zu den betreffenden Acten genommen, und außerdem in ein besonderes Beschlußbuch eingetragen werden, wobei die Namen der einzelnen Votanten mit Angabe der einzelnen Vota aufzuführen sind.

§ 41.
Jedes Mitglied des Vorstandes, auch der Vorsitzende, muß sich seines Stimmrechts in denjenigen Sachen enthalten, welche sein Privat-Interesse, oder das solcher Personen betreffen, mit welchen es in grader Linie, oder bis zum dritten Grade der Seitenlinie verwandt oder verschwägert ist. Auf den Ausspruch des Vorstandes muß sich ein solches Mitglied auch während der Berathung über den bestimmten Gegenstand aus der Sitzung entfernen.

§ 42.
Die von dem Vorstande ausgefertigten Beschlüsse werden in der Regel von dem Vorsitzenden und den beiden anderen Mitgliedern unterzeichnet. Bei der Unterschrift und in dem Siegel führt der Vorstand die Bezeichnung: „Vorstand der Synagogen-Gemeinde zu Pasewalk".

Abschnitt V.
Von den Vorstands-Commissionen.

§ 43.
Zur Besorgung dazu geeigneter Angelegenheiten können besondere Vorstands-Commissionen ernannt werden.

§ 44.
Diese Commissionen handeln immer nur im Auftrage des Gemeinde-Vorstandes, nach den von demselben zu ertheilenden allgemeinen oder speciellen Vorschriften und sind dem Vorstande untergeordnet.

§ 45.
Als bleibende Commissionen werden folgende bestimmt:
1. für das Synagogenwesen,
2. für die Unterrichtsangelegenheiten,
3. für die Classificirung und Festsetzung der Gemeinde-Beiträge,
4. für das Beerdigungswesen,

5. für die Beaufsichtigung und Verwaltung der Grundstücke,
6. für die Armen- und Krankenpflege
Von dem übereinstimmenden Beschlusse des Vorstandes und der Repräsentanten-Versammlung hängt es ab, ob mehrere bleibende Commissionen eintreten sollen, sowie auch, ob die eine oder die andere der vorgedachten Commissionen etwa ausscheiden soll.

§ 46.

Mitglied einer Commission kann jedes selbstständige, beitragende männliche Mitglied der Gemeinde sein; es können auch Mitglieder des Vorstandes und der Repräsentanten-Versammlung zu einer solchen Commission gehören. Der Vorstand ernennt den Vorsitzenden in der Commission.

§ 47.

Die Mitglieder der bleibenden Commissionen werden von der Repräsentanten-Versammlung auf drei Jahre gewählt, diese ist auch befugt, auf den Antrag des Vorstandes die Suspension oder das Ausscheiden eines Commissions-Mitgliedes während der drei Jahre zu beschließen. Die Bestimmung über Bildung einstweiliger Commissionen, und die Ernennung der Mitglieder derselben hängt vom Vorstande ab.

§ 48.

Für eine jede bleibende Commission ist für die Geschäftsführung von dem Vorstande und den Repräsentanten ein vollständiges Reglement anzufertigen; die einstweiligen Commissionen sind nur mit einer Instruction des Gemeinde-Vorstandes zu versehen.

§ 49.

Wenn es der Vorstand für zweckdienlich erachtet, so kann er auch außerhalb des Hauptorts an solchen Orten, welche zu dem Synagogen-Bezirke gehören und in welchen eine größere Anzahl von Einwohnern des jüdischen Glaubensbekenntnisses wohnt, einen Vorstands-Commissarius aus den daselbst wohnenden Mitgliedern der Synagogen-Gemeinde wählen. Ein solcher Commissarius hat aber immer nur die ihm von dem Gemeinde-Vorstande zu machenden Aufträge zu vollziehen, und überhaupt nach einer ihm von dem Gemeinde-Vorstande zu ertheilenden Instruction zu verfahren.

Abschnitt VI.
Von dem gegenseitigen Geschäfts-Verhältnisse des Vorstandes und der Repräsentanten-Versammlung.

§ 50.

Dem Vorstande als verwaltender Behörde gebührt die alleinige Vertretung der Synagogen-Gemeinde nach außen, Dritten gegenüber. Ihm allein gebührt die Ausführung der Beschlüsse der Repräsentanten, und werden diese Beschlüsse erst durch seine Bestätigung, insoweit dieselben nicht außerdem noch der Bestätigung der vorgesetzten Regierung bedürfen, zur Ausführung reif. (§ 44, 47, 48, 51 des Gesetzes vom 23. Juli 1847)

§ 51.

Die Übereinstimmung des Vorstandes mit dem Beschlusse der Repräsentanten-Versammlung kann, wo sie erforderlich ist, von demjenigen, welcher mit dem Vorstande verhandelt, als vorhanden vorausgesetzt werden, und er hat nicht nöthig, sich solche von dem Vorstande erst nachweisen zu lassen. Der Vorstand bleibt aber der Synagogen-Gemeinde dafür, daß jene Übereinstimmung vorhanden gewesen ist, verantwortlich, und er kann deshalb von den Repräsentanten durch die Regierung zur Verantwortung gezogen werden. Soll über Angelegenheiten, rücksichtlich welcher es noch der Zustimmung der Repräsentanten-Versammlung bedarf, eine öffentliche Urkunde aufgenommen werden, so muß auch der Genehmigungs-Beschluß der Repräsentanten-Versammlung, oder in Gemäßheit der Schlußbestimmung des § 47 des Gesetzes vom 23. Juli 1847 in dem zutreffenden Falle die Entscheidung der Regierung beigebracht werden. Sämmtlichen von dem Vorstande in Betreff solcher Angelegenheiten zu vollziehenden Urkunden, von welchen § 48 des bemerkten Gesetzes die Rede ist, muß die Genehmigung der Regierung in beglaubter Form hinzugefügt werden.

§ 52.

Der Gemeinde-Vorstand hat die Befugniß, eines oder einige seiner Mitglieder zur Versammlung der Repräsentanten abzuordnen, um über einen der Repräsentanten-Versammlung vorgelegten Antrag mündlich nähere Auskunft zu ertheilen und die Gründe für denselben näher zu entwickeln. Auch kann die Repräsentanten-Versammlung verlangen, daß in einzelnen Fällen zu ihren Sitzungen eines oder einige der Mitglieder des Gemeinde-Vorstandes abgeordnet werden.

§ 53.

Alljährlich, kurze Zeit nach dem Jahresschlusse, zu einem zwischen der Repräsentanten-Versammlung und dem Vorstande zu vereinbarenden Termine, werden die Kassenbücher der Gemeinde abgeschlossen, und mit den dazu gehörigen

Belägen und Rechnungen von dem Vorstande der Repräsentanten-Versammlung mitgetheilt.

§ 54.

Die Repräsentanten-Versammlung hat alljährlich aus ihrer Mitte nach Stimmenmehrheit drei Revisoren zu erwählen. Diese haben die Rechnungen und Bücher der Verwaltung zu revidiren, auch der Repräsentanten-Versammlung darüber schriftlichen Bericht abzustatten und mündlichen Vortrag zu halten. Werden gegen die Rechnungslegung keine Erinnerungen gemacht, oder die gemachten Monita erledigt, so ist dem Vorstande von der Repräsentanten-Versammlung Decharge zu ertheilen, der Vorstand hat sodann wiederum den Rendanten, wenn gegen dessen Kassenführung nichts zu erinnern ist, zu dechargiren.

§ 55.

Werden aber die gegen den Vorstand oder gegen den Rendanten, oder gegen Beide gemachte Erinnerungen nicht für erledigt erklärt, so hat die Repräsentanten-Versammlung zu beschließen, ob dennoch die Decharge ertheilt, oder ob deshalb der Regierung Anzeige gemacht werden soll.

Abschnitt VII.
Von dem Begräbnißplatze der Gemeinde.

§ 56.

Einem jeden Mitgliede der Gemeinde und einem jeden innerhalb des Synagogen-Bezirks verstorbenen Juden muß eine Grabstätte eingeräumt werden, und zwar gegen ein zur Gemeinde-Kasse zu erledigendes Entgeld, welches jedoch Armuthshalber von dem Vorstande erlassen werden kann.

§ 57.

Die Kosten der Beerdigung, und zwar sowohl derjenige Betrag, welcher für die Grabstätte zu berichtigen ist, als die sonstigen Gebühren sind durch einen Gemeinde-Beschluß festzustellen. In ersterer Beziehung sind der Kaufpreis für den Begräbnißplatz, die Zinsen desselben, die Unterhaltungskosten und die den Armen unentgeltlich zu gewährenden Grabstätten in Anschlag zu bringen.

Abschnitt VIII.
Von den Synagogen-Ständen oder Stellen.

§ 58.

Diejenigen Privatrechte, welche Gemeinde-Mitgliedern an einzelnen Privatständen in der der Gemeinde gehörenden, in der Grabenstraße gelegenen Synagoge zustehen, verbleiben denselben. Diese Gerechtsame können durch Verfügungen unter Lebendigen wie von Todeswegen auf andere übertragen und vererbt werden. Diese Übertragung und Vererbung kann jedoch nicht auf jemanden geschehen, welcher nicht Mitglied der Synagogen-Gemeinde zu Pasewalk ist.

§ 59.

Der zu einem Synagogen-Stande Berechtigte kann diesen Stand nur während des Gottesdienstes in der Synagoge in der Art benutzen, daß er sich auf demselben befindet und die für die Synagoge eingeführte Ordnung genau beachtet. Er kann jedoch diese Benutzung einem Andern nur dann gestatten, wenn sämmtliche der Gemeinde gehörende Stände bereits verpachtet sind. An der baulichen Einrichtung des Standes darf er ohne Zustimmung des Gemeinde-Vorstandes Nichts ändern.

§ 60.

Der Vorstand hat ein genaues Register über die einzelnen Synagogenstände zu führen und bei jedem einzelnen Stande, an welchem einem Mitgliede eine Berechtigung zusteht, den Namen des Berechtigten zu vermerken, auch die darauf bezüglichen Veränderungen, wenn sie ihm gehörig nachgewiesen sein werden, durch nachträgliche Vermerke einzutragen.

§ 61.

Die Benutzung der der Gemeinde gehörenden Synagogen-Stände bleibt der Disposition des Vorstandes überlassen. Bei der Vermiethung solcher Stände kann jedoch der Miethszins nur mit Zustimmung der Repräsentanten bestimmt werden. Das Vermiethen darf nie nach Art einer öffentlichen Versteigerung geschehen.

Abschnitt IX.
Von dem Gemeinde-Bedarf und dem Abgabenwesen.

§ 62.

Alljährlich ist ein Etat über den Bedarf der Gemeinde und über die zur Deckung desselben vorhandenen und aufzubringenden Mittel von dem Vorstande aufzustellen und der Repräsentanten-Versammlung zur Festsetzung mitzutheilen.

§ 63.

In dem Einnahme-Etat sind zunächst diejenigen Einkünfte aufzunehmen, welche die Gemeinde von vorhandenen Fonds, als Kapitalien, Grundstücken (?) und sonst, bestimmt oder wahrscheinlich, zu beziehen hat. Derjenige Betrag, welcher nach Abzug dieser Einkünfte noch erfordert wird, um die veranschlagte Total-Ausgabe zu bestreiten, ist durch regelmäßige Beiträge der Gemeinde-Mitglieder zu beschaffen.

§ 64.

Diese von den Gemeinde-Mitgliedern zu entrichtende Abgabe soll eine Auflage des Kapitalvermögens und der Revenüen der einzelnen Mitglieder sein. Die Repartitions-Norm ist bei der jedesmaligen Feststellung des Etats mit anzugeben.

§ 65.

Der Vorstand hat zu dem Ende eine Commission zur Classificirung und Festsetzung der Gemeinde-Beiträge anzuordnen. Diese Commission soll aus mindestens neun Mitgliedern bestehen und zu derselben muß stets wenigstens ein Mitglied des Vorstandes und ein Mitglied der Repräsentanten-Versammlung gehören. Es ist darauf zu sehen, daß diese Commission aus allen drei Klassen der beitragenden Mitglieder zusammengesetzt werde.

§ 66.

Diese Commission hat die jährlichen Beiträge der einzelnen Mitglieder nach bestem Wissen gewissenhaft festzustellen, und ein jedes der betreffenden Gemeinde-Mitglieder von dem Betrage, mit welchem es angesetzt ist, in Kenntnis zu setzen.

§ 67.

Einem jeden beitragenden Gemeinde-Mitgliede ist es verstattet, der Commission nachzuweisen, daß der Betrag seines Capital-Vermögens oder seiner jährlichen Einnahmen geringer sei, als von der Commission angenommen worden ist. Reclamationen gegen die Festsetzungen der Commission können binnen vier Wochen bei dem Vorstande angebracht werden, welchem es in jedem einzelnen Falle überlassen bleibt, ob er vor seiner Entscheidung noch die Repräsentanten-Versammlung hören will. Der letzte Recurs gegen eine solche Entscheidung geht binnen anderweitigen vier Wochen an die Regierung. Derselbe hält jedoch die Einziehung der Beiträge nicht auf.

§ 68.

Die auf ein Jahr angefertigten Heberollen müssen während drei Wochen und zwar an jedem Werkeltage zu einer zu diesem Zwecke bestimmten Stunde in dem Gemeinde-Geschäfts-Locale zur Einsicht der beitragenden Gemeindemitglieder ausgelegt werden.

§ 69.

Der von dem Vorstande entworfene und von den Repräsentanten genehmigte Etat ist sodann mit den als festgestellt angenommenen Heberollen bei der Regierung zur Bestätigung einzureichen. Durch die Genehmigung der Regierung werden die Heberollen für vollstreckbar erklärt.

§ 70.

Rücksichtlich derjenigen, welche im Laufe der Steuer-Periode als Mitglieder der Gemeinde eintreten, werden die Abgabensätze nachträglich mit Bezug auf § 3, jedoch nur bis zum Ablauf der Steuer-Periode regulirt. Die Commission hat von Zeit zu Zeit Abgangs- und Zugangslisten anzufertigen.

§ 71.

Die einzelnen Beiträge werden nach Anordnung des Vorstandes monatlich praenumerando eingezogen.

§ 72.

Rückständige Beiträge können nur von der zur Classificirung und Festsetzung der Beiträge angeordneten Commission gestundet oder niedergeschlagen werden.

Abschnitt X.
Von den Beamten der Synagogen-Gemeinde.

§ 73.

Von dem gemeinschaftlichen Beschlusse des Vorstandes und der Repräsentanten-Versammlung hängt es ab, ob und welche Cultusbeamten angenommen werden sollen.

§ 74.

Die Wahl der Cultusbeamten erfolgt von der Repräsentanten-Versammlung mit Zustimmung des Vorstandes.

§ 75.

So lange nicht auf statutenmäßige Weise ein Anderes beschlossen sein wird, sollen nie mehr als ein Rabbiner oder Prediger der Gemeinde, sowie auch nie mehr als ein Vorbeter in activer Function sein. Hierunter sind die etwa Pensionirten nicht mit begriffen.

§ 76.
Jedem einzelnen Cultusbeamten ist von dem Vorstande und der Repräsentanten-Versammlung eine Dienstinstruction zu ertheilen, welche derselbe zu beachten hat.

§ 77.
Sämmtliche besoldete Beamten werden auf zehn Jahre gewählt. Es kann jedoch auch eine kürzere Zeit verabredet werden.

§ 78.
Die Höhe der Besoldung eines Beamten wird bei jeder einzelnen Anstellung von dem Vorstande bei der Repräsentanten-Versammlung beantragt und von dieser festgestellt.

§ 79.
Die besoldeten Beamten der Gemeinde, welche nach Ablauf ihrer Amtszeit nicht wieder gewählt werden, haben Anspruch auf Pension. Wenn nicht eine besondere Verabredung getroffen worden ist, betragen die Pensionen nach zehnjähriger Dienstzeit ein Viertel der Besoldung, nach zwanzigjähriger Dienstzeit ein Drittel derselben, und nach dreißigjähriger Dienstzeit die Hälfte derselben. Die Pensionen fallen ganz oder zum Theil weg oder ruhen, wenn der Pensionirte ein anderes Staats- oder Communal-Amt oder ein anderes Amt bei einer Synagogen-Gemeinde annimmt, welches ihn für seine Besoldung ganz oder unter Zuziehung eines Theils der Pension entschädigt.

§ 80.
Die in der bei der jüdischen Gemeinde zu Pasewalk bisher angestellten Cultus- und Verwaltungs-Beamten bleiben in ihren Ämtern und zwar auf sechs Jahre, wenn sie nicht auf kürzere Zeit angenommen worden sind oder sie nicht einen Rechtstitel auf eine längere Zeit haben. Diejenigen besoldeten Beamten deren Dienstverrichtungen durch die neue Gemeinde-Verwaltung ganz oder zum Theil aufhören, müssen es sich gefallen lassen, daß ihnen andere, jedoch dem bisherigen Dienstverhältnisse ähnliche Funktionen von dem Vorstande übertragen werden.

<u>Abschnitt XI.</u>
<u>Änderungen des Statuts.</u>

§ 81.
Abänderungen dieses Statutes können von Amtswegen, oder durch einen rechtsgültigen Beschluß der Repräsentanten-Versammlung erfolgen. Derselbe bedarf

der Bestätigung des Vorstandes, muß sodann aber auch von dem Ober-Präsidenten der Provinz genehmigt werden, bevor er in Gültigkeit treten kann.
Pasewalk den 15. Februar 1856.

Der Vorstand der Synagogen-Gemeinde.
gez. M. S. Marcuse.   E. Lehman.   Ph. Steinberg.

Die Repräsentanten.
Elias Samuel.   H. Friedländer.   M. Sternberg.
M. Sänger.   J. Joseph.   N. Mathias.   Simon Salomon.

Das eingeheftete Statut der Synagogen-Gemeinde zu Pasewalk vom 15. Februar 1856 wird hierdurch von Aufsichtswegen bestätigt.

Stettin den 30. Mai 1857.

(L.S.)
Der Ober-Präsident
In Vertretung
N.N.

Quelle: CJA; 1,75 A, Pa 3 Pasewalk, Nr. 77/1, S. 1-18.

Bewerbung des Rabbiners Adolf Rosenzweig, 1874

Dokument 2:
Bewerbung des Rabbiners Adolf Rosenzweig

Berlin den 17. September 1874

Löblicher Vorstand!

Angeregt von vielen ehrenwerthen Persönlichkeiten in Stettin, wo ich wie im vergangenen, auch in diesem Jahre als Prediger für die hohen Festtage engagirt zu sein das Glück habe,

nehme ich mir die Freiheit, mich um die in Ihrer werthen Gemeinde vacante Stelle eines Predigers und Religionslehrers zu bewerben.

Augenblicklich bin ich zwar noch nicht in der angenehmen Lage, Ihnen die endgiltigen, nötigen Dokumente einzusenden; doch befinde ich mich jetzt in den letzten Stadien des Doctorexamens, das durch gewisse, das Leben oft berührende Verhältnisse verzögert geworden, und bis Ende Oktober werde ich es sicherlich beendigt haben.

Sollten Sie etwa geneigt sein, in meine andern Dokumente Einblick zu thun, so stehen zu Ihrer Verfügung ein treffliches Abiturientenzeugnis, meine Anmelde Bücher von Wien (2 Semester) u. Berlin (4 Semester) wie auch das von der Hochschule für die Wissenschaft des Judenthums; ferner ein Zeugnis von meinem zweijährigen Wirken als Prediger u. Religionslehrer in meiner Heimath Ungarn.

Meine rhetorische Befähigung werden Ihnen das Löbl. Rabbinat u. der hochgeehrte Vorstand der w. Gemeinde zu Stettin, wo ich mir bis nun die größte Zufriedenheit erwarb, bestätigen.

Sonstige nähere Erkundigung über mich können Sie bei dem Löblichen Lehrercollegium der Hochschule für die Wissenschaft des Judenthums, namentlich bei Herrn Dr. David Cassel (Spandauerstr. 48) u. Herrn Dr. J. Lewy (Ziegelstr. 19) wie auch bei Herrn Rabbiner Dr. Ungerleider (Gr. Präsidentenstr.) einziehen.

Zu jeder Zeit bin ich geneigt, sobald Sie es wünschen, bei Ihnen einzutreffen u. einen Probevortrag zu halten.

Wird Ihre w. Wahl mich treffen, so soll sicherlich die heilige Sache der Erziehung und Veredlung der Menschheit durch die sittlich-religiöse Heranbildung der Ju-

gend im Geiste unserer Zeit u. der geschichtlichen, hohen Mission unsrer heil.
Religion mich ganz erfüllen.
Hochachtungsvoll empfiehlt sich der Gewogenheit
Eines Löblichen Vorstandes

        Ihr ergebenster Diener

        Doctorand. phil. Adolf Rosenzweig
        Hirtenstr. 10, 2 Tr. bei Gloger.

An den Löblichen Vorstand
der isr. Religions-Gemeinde
zu Pasewalk.

  P.S. Sontag reise ich nach Stettin, wo ich bis Dienstag 1. Okt.
  weile. Meine Adresse daselbst ist: Herrn Rabb. Dr. Treuenfels

Quelle: CJA; 1,75 A, Pa 3 Pasewalk, Nr. 40, S. 423-423 RS.

Dokument 3:
Mitgliederverzeichnis der Synagogen-Gemeinde Pasewalk nach dem Stande vom Februar 1933

1. C. Abrahams Ww.	Bahnhofstr. 9
2. Alb. Behrendt Manuf.	Marktstr. 44
3. Paul Behrendt Fabrikbes.	Hausmannstr. 19
4. Josef Brezinski Firma S. Räsener	Ueckerstr. 50
5. Julius Lewin Rentier	Ueckerstr. 8
6. James Lewin Darmhandlung	Ueckerstr. 8
7. Siegfried Loewe Manufaktur	Ueckerstr. 28
8. Adolf Mathias Garderobe u. Schuhe	Ueckerstr. 58
9. Elias Mendelsohn Manufakt.	Marktstr. 47
10. Adolf Perel Verkäufer	Königstr.
11. Ww. Putziger	Am Markt 7
12. Ww. Raesener	Ueckerstr. 50
13. Alica Rosenbaum Ww.	Marktstr. 13
14. Erwin Rosenbaum	Marktstr. 13
15. Gustav Rosenzweig	Grünstr. 12
16. Caesar Salomon Uhrm.	Marktstr. 57
17. Benno Schlochauer Fellh.	Königstr. 48
18. Hugo Translateur Lederh.	Ueckerstr. 25
19. Ww. Zobel	Ueckerstr. 37
20. Leo Zobel Vieh-Handlung	Ueckerstr. 37
21. Max Zobel Vieh-Handlung	Königstr. 49
22. G. Leske Konfektion	Löcknitz Kreis Randow
23. I. Meyer	Löcknitz
24. Frl. Meyrowitsch	Löcknitz
25. Rummelsburg Rentier	Löcknitz
26. Ww. Scharlack	Löcknitz
27. H. Scharlack Manuf.	Löcknitz
28. N. Schwarzweiss Manuf.	Löcknitz
29. D. Schwarzweiss Manuf.	Löcknitz
30. M. Wolfsfeld Vieh-Handl.	Löcknitz
31. Max Pless Manuf.	Ferdinandshof
32. Siegfr. Pless Manuf.	Ferdinandshof
33. Rich. Ries Manuf.	Ferdinandshof
34. Moritz Bähr Fabrikdirekt.	Torgelow

35. Julius Gronemann Manuf.   Torgelow
36. B. Fabian Produktaus.   Torgelow
37. S. Pless Manuf.   Ueckermünde
38. Sally Ruschin Ww. Manuf.   Ueckermünde
39. Louis Pless Manuf.   Eggesin

Quelle: CJA; 1,75 A, Pa 3 Pasewalk, Nr. 19, S. 124-124 RS

MITGLIEDERVERZEICHNIS
DER SYNAGOGEN-GEMEINDE Pasewalk
Nach dem Stande vom Februar 1933

Lfd. Nr.	Name:	Genaue Adresse:
1.	C. Abrahams Ww.	Bahnhofstr. 9
2.	Alb. Behrendt Manuf.	Marktstr. 44
3.	Paul Behrendt Fabrikbes.	Hausmannstr. 19
4.	Josef Brezinski, Firma S. Räsner	Ueckerstr. 50
5.	Julius Lewin Rentier	Ueckerstr. 8
6.	James Lewin Hormhandlung	Ueckerstr. 8
7.	Siegfried Loewe, Manufaktur	Ueckerstr. 28
8.	Josef Mathias Gartenb. Züchter	Ueckerstr. 58
9.	Elias Mendelsohn Manufakt.	Marktstr. 47
10.	Josef Perel Verkäufer	Königstr.
11.	Ww. Pritzger	Am Markt 7
12.	Ww. Raesener	Ueckerstr. 50
13.	Alice Rosenbaum Ww.	Marktstr. 13
14.	Erwin Rosenbaum	Marktstr. 13
15.	Gustav Rosenzweig	Grünstr. 12
16.	Caesar Salomon Uhrm.	Marktstr. 57
17.	Bruno Schlochauer Fflg.	Königstr. 48
18.	Hugo Translateur Lwfg.	Ueckerstr. 25
19.	Ww. Zobel	Ueckerstr. 37
20.	Leo Zobel Vieh-Handlung	Ueckerstr. 37
21.	Max Zobel Vieh-Handlung	Königstr. 49
22.	G. Leske Konfektion	Löcknitz Kreis Randow
23.	F. Meyer	
24.	Frl. Meyrowitsch	

Mitgliederverzeichnis der Synagogen-Gemeinde Pasewalk, 1933

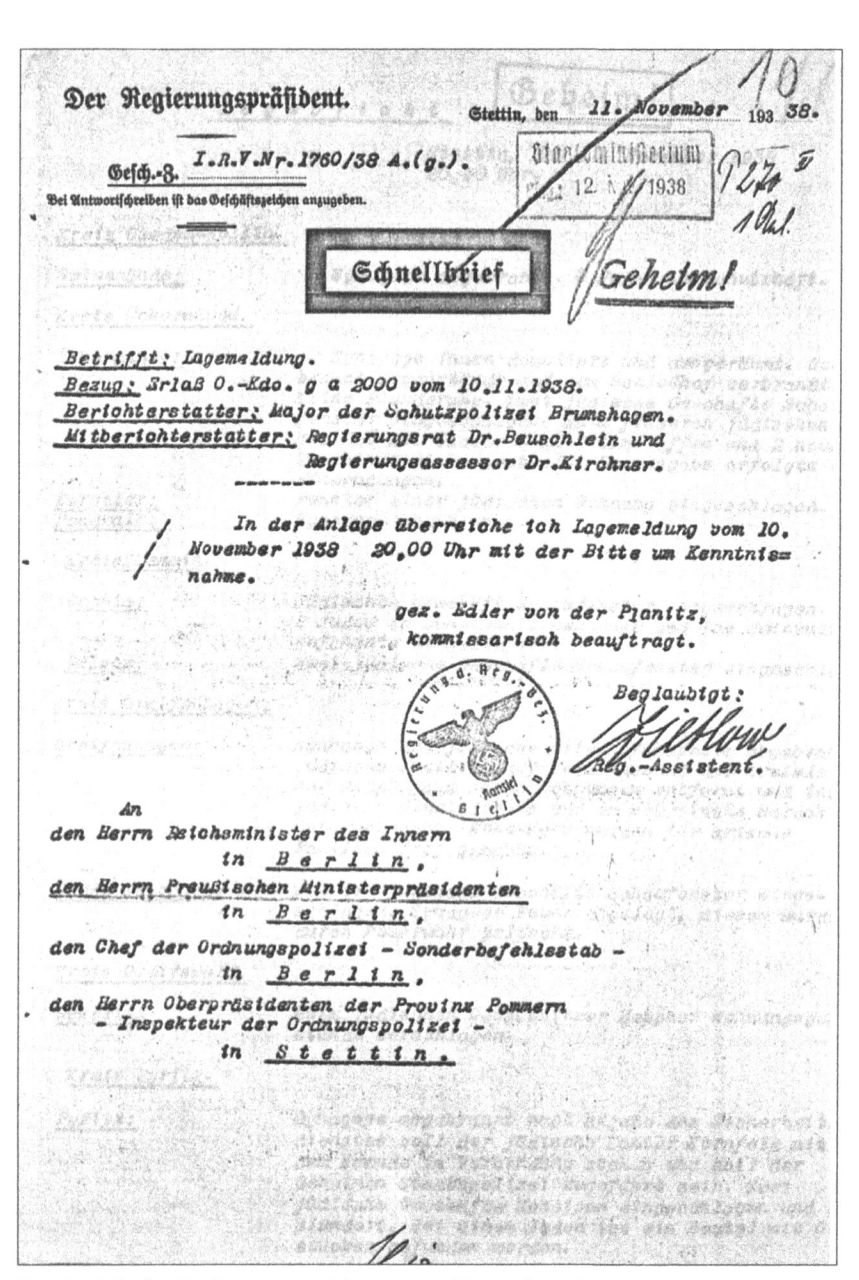

Der Regierungspräsident. Stettin, den 11. November 1938.

Gesch.-8. I.R.V.Nr.1760/38 A.(g.).
Bei Antwortschreiben ist das Geschäftszeichen anzugeben.

Schnellbrief *Geheim!*

Betrifft: Lagemeldung.
Bezug: Erlaß O.-Kdo. g a 2000 vom 10.11.1938.
Berichterstatter: Major der Schutzpolizei Brunshagen.
Mitberichterstatter: Regierungsrat Dr.Beusohlein und
Regierungsassessor Dr.Kirchner.

In der Anlage überreiche ich Lagemeldung vom 10. November 1938 20.00 Uhr mit der Bitte um Kenntnisnahme.

gez. Edler von der Planitz,
kommissarisch beauftragt.

Beglaubigt:
Reg.-Assistent.

An
den Herrn Reichsminister des Innern
in Berlin,
den Herrn Preußischen Ministerpräsidenten
in Berlin,
den Chef der Ordnungspolizei - Sonderbefehlsstab -
in Berlin,
den Herrn Oberpräsidenten der Provinz Pommern
- Inspekteur der Ordnungspolizei -
in Stettin.

Lagebericht des Regierungspräsidenten, 11. November 1938

Anlage zu: Reg.-Präs. Stettin v. 11.11.1938 – I.R.V.Nr.1760/38 A.(g.) –

Lagebricht **Geheim!**

Stettin, den 10. November 1938
20,00 Uhr.

Kreis Usedom-Wollin.

Swinemünde: Synagoge abgebrannt. 3 Juden in Schutzhaft.

Kreis Uckermünde.

Uckermünde: Synagoge innen demoliert und ausgeräumt. Gebrauchsgegenstände auf dem Schloßhof verbrannt. Keine Plünderung. Zwei jüdische Geschäfte Schaufenster eingeschlagen. Beim früheren jüdischen Med.Rat Dr. Glaser 6 Altertumswaffen und 2 neue Teschings sichergestellt. Herausgabe erfolgte ohne Einwendungen.

Torgelow: Fenster einer jüdischen Wohnung eingeschlagen.
Pasewalk: Synagoge abgebrannt.

Kreis Cammin.

Cammin: Jüdisches Geschäft Schaufenster eingeschlagen. 8 Juden in Schutzhaft genommen und ins Swinemündergefängnis eingeliefert.
Gülzow: Zwei jüdische Geschäfte Schaufenster eingeschlagen.

Kreis Greifenhagen:

Greifenhagen: Synagoge und jüdische Friedhofskapelle abgebrannt. Jüdische Familien auf Veranlassung der Kreisleitung der NSDAP. aus ihren Wohnungen entfernt und ins jüdische Gemeindehaus und in städtische Baracken untergebracht. Wohnungen wurden für arische Familien frei gemacht.

Stadt Stargard: Mehrere jüdische Geschäfte Schaufenster eingeschlagen. Synagoge Feuer angelegt, dieses wurde durch Feuerwehr gelöscht.

Kreis Greifswald.

Sekeritz: Beim jüdischen Gutsbesitzer Heppner Wohnungsgegenstände zerschlagen.

Kreis Pyritz.

Pyritz: Synagoge abgebrannt nach Angabe des Sicherheitsdienstes soll der jüdische Kantor Kornfeld mit dem Brande in Verbindung stehen und soll der Geheimen Staatspolizei zugeführt sein. Zwei jüdische Geschäfte Scheiben eingeschlagen und geplündert. Bei einem Juden ist ein Beutel mit Goldstücken gefunden worden.

Dokument 4:
Lagebericht des Regierungpräsidenten, 11. November 1938

Der Regierungspräsident.

Stettin, den 11. November 1938.
(Stempel: Staatsministerium 12. Nov. 1938)

Gesch.-Z.: I.R.V. Nr.1760/38 A.(g.).
Bei Antwortschreiben ist das Geschäftszeichen anzugeben.

       Schnellbrief *Geheim!*

<u>Betrifft:</u> Lagemeldung
<u>Bezug:</u> Erlaß O.-Kdo. g a 2000 vom 10.11.1938.
<u>Berichterstatter:</u> Major der Schutzpolizei Brumshagen.
<u>Mitberichterstatter:</u> Regierungsrat Dr. Beuschlein und
       Regierungsassessor Dr. Kirchner.

  In der Anlage überreiche ich Lagemeldung vom 10. November 1938 20.00 Uhr mit der Bitte um Kenntnisnahme.

       gez. Edler von der Planitz,
       kommissarisch beauftragt.
       (Stempel:
       Regierung d. Reg.-Bez.
       Stettin Kanzlei)
         Beglaubigt:
         Zietlow,
         Reg.-Assistent.

 An
den Herrn Reichsminister des Innern
  in <u>Berlin</u> ,
den Herrn Preußischen Ministerpräsidenten
  in <u>Berlin</u> ,
den Chef der Ordnungspolizei – Sonderbefehlsstab –
  in <u>Berlin</u> ,
den Herrn Oberpräsidenten der Provinz Pommern
  – Inspekteur der Ordnungspolizei –
  in <u>Stettin</u> .

Lagebericht   *Geheim!*

Stettin, den 10. November 1938
20.00 Uhr.

Kreis Usedom-Wollin.

Swinemünde:
Synagoge abgebrannt. 3 Juden in Schutzhaft.

Kreis Ückermünde.

Ückermünde:
Synagoge innen demoliert und ausgeräumt. Gebrauchsgegenstände auf dem Schloßhof verbrannt. Keine Plünderung. Zwei jüdische Geschäfte Schaufenster eingeschlagen. Beim früheren jüdischen Med.Rat Dr. Glaser 6 Altertumswaffen und 2 neue Teschings sichergestellt. Herausgabe erfolgte ohne Einwendungen.

Torgelow:
Fenster einer jüdischen Wohnung eingeschlagen.

Pasewalk:
Synagoge abgebrannt.

Kreis Cammin.

Cammin:
Jüdisches Geschäft Schaufenster eingeschlagen. 8 Juden in Schutzhaft genommen und ins Swinemünder Gefängnis eingeliefert.

Gülzow:
Zwei jüdische Geschäfte Schaufenster eingeschlagen.

Kreis Greifenhagen:

Greifenhagen:
Synagoge und jüdische Friedhofskapelle abgebrannt. Jüdische Familien auf Veranlassung der Kreisleitung der NSDAP. aus ihren Wohnungen entfernt und ins jüdische Gemeindehaus und in städtische Baracken untergebracht. Wohnungen wurden für arische Familien frei gemacht.

Stadt Stargard:
Mehrere jüdische Geschäfte Schaufenster eingeschlagen. Synagoge Feuer angelegt, diese wurde durch Feuerwehr gelöscht.

Kreis Greifswald.

Sekeritz:
Beim jüdischen Gutsbesitzer Heppner Wohnungsgegenstände zerschlagen.

Kreis Pyritz.

Pyritz:
Synagoge abgebrannt nach Angabe des Sicherheitsdienstes soll der jüdische Kantor Kornfeld mit dem Brande in Verbindung stehen und soll der Geheimen Staatspolizei zugeführt sein. Zwei jüdische Geschäfte Scheiben eingeschlagen und geplündert. Bei einem Juden ist ein Beutel mit Goldstücken gefunden worden.

Stadt Stralsund:
Synagoge angesteckt, Feuer wurde gelöscht. Mehrere jüdische Geschäfte Scheiben eingeschlagen. 22 Juden in Schutzhaft.

Stadt Stettin:
Synagoge brennt. Leichenhalle auf jüdischem Friedhof abgebrannt. Bei 15 jüdischen Geschäften Schaufenster eingeschlagen. Ein Fall von Plünderung. Plünderer festgenommen.

Kreis Anklam:

Anklam:
Synagoge brennt, bei einem jüdischen Geschäft Schaufenster eingeschlagen.

Kreis Naugard.

Naugard:
Auf Judenfriedhof Denkmäler beschädigt. Synagoge abgebrannt. Ein jüdisches Uhrwarengeschäft zerstört. Bei zwei Wohnungen Fenster zertrümmert.

Daber:
Ein Geschäft Schaufenster zertrümmert und bei zwei Wohnungen die Fenster zerstört.

Gollnow:
Synagoge angesteckt, Feuer wurde zunächst erstickt. Synagoge brennt seit 10.11. 17 1/2 Uhr. Schaufenster bei zwei Geschäften zertrümmert.

Kreis Usedom-Wollin.

Wollin:
Synagoge Fenster eingeworfen.

Stadt Greifswald:
Bei drei jüdischen Geschäften Scheiben zertrümmert.

Nörenberg: (Krs. Saatzig)
Unbekannte Täter drangen in Synagoge ein und beschädigten Einrichtungsgegenstände.

Kreis Rügen:

Bergen; Garz, Altenkirchen, Saßnitz und Binz:
Nachmittags Demonstrationen im allgemeinen ruhig verlaufen.
Altenkirchen: Bei jüdischen Geschäften Scheiben eingeschlagen.
Garz: Geschäftsführer einer jüdischen Firma in Schutzhaft. Frau und Tochter des Juden Cohn (Geschäftsinhaber) geflüchtet.
Saßnitz: Jude Naphtha Leo aus Saagart beim Eintreffen in Saßnitz von empörter Bevölkerung mit umgehängtem Schild durch Ort geführt worden. Er wurde in Schutzhaft genommen.

Quelle: GStAPK, I. HA Rep. 90 Annex P Nr. 59, S. 16-18.

6.3. Abbildungen

Fragebogen des Preußischen Landesverbandes jüdischer Gemeinden nach dem Stande vom 1. November 1924

H. Behrendt :: Pasewalk

Eisengießerei und Maschinenfabrik

Fernsprecher	Zweigbüro:	Reichsbank-Girokonto Stettin
601 und 602	Charlottenburg, Bismarckstr. 14	Postscheckkonto: Berlin 298
Rudolf Mosse-Code	Fernsprecher C 4, Wilhelm 92 70	Pasewalker Sparkasse 30

Verzeichnisse:

Abteilung:

A Gußteile zur Be- und Entwässerung von Straßen und Gebäuden.

B Landwirtschaftliche Maschinen und Geräte. Rundfunkanlagen.

C Gußeiserne Füße für Gartenbänke und -Tische, Konditoreitische, Konsolen, Pfosten, Gitterspitzen, Bunde, Rosetten, Wendeltreppen, Hanteln, Wagentritte, Kandelaber, Tellerständer.

D Pumpen und Zubehörteile.

E Maschinen und Geräte für Schmiede und Schlosser.

F Transmissionen.

G Grabkreuze und Gitter.

H Rohguß zu Pflügen, Ackerwalzen, Maschinen usw.

K Kessel und Kesselöfen.

Rohguß nach eigenen und fremden Modellen, nach Normalien der deutschen Industrie und des Handelsschiffs-Ausschusses.

Reklame der Firma H. Behrendt Pasewalk, 1929

Gedenkstein für die Familie Behrendt

Stolpersteine zum Gedenken an Paul, Martha und Gertrud Behrendt

Erhaltene Grabtafeln auf dem jüdischen Friedhof Pasewalk

Gedenkstein zur Erinnerung an den jüdischen Friedhof Pasewalk

6.4. Quellenverzeichnis

6.4.1. Ungedruckte Quellen

Archivum Pánstwowe Szczecin (APS)

73 Oberpräsidium von Pommern in Stettin, Nr. 4503
73 Oberpräsidium von Pommern in Stettin, Nr. 4522
73 Oberpräsidium von Pommern in Stettin, Nr. 6172

92 Regierung Stettin, Nr. 10501
92 Regierung Stettin, Nr. 10596
92 Regierung Stettin, Nr. 10757

Bundesarchiv Berlin (BArch)

Datenbank Volkszählung

R 1509 / 2161

Geheimes Staatsarchiv Preußischer Kulturbesitz (GStAPK)

Rep. 90 Staatsministerium, Annex P Geheime Staatspolizei, Nr. 59

Stiftung Neue Synagoge Berlin – Centrum Judaicum, Archiv (CJA)

1,75 A Pa 3 Pasewalk, Nr. 18
1,75 A Pa 3 Pasewalk, Nr. 19
1,75 A Pa 3 Pasewalk, Nr. 38
1,75 A Pa 3 Pasewalk, Nr. 39
1,75 A Pa 3 Pasewalk, Nr. 40
1,75 A Pa 3 Pasewalk, Nr. 41
1,75 A Pa 3 Pasewalk, Nr. 43
1,75 A Pa 3 Pasewalk, Nr. 67
1,75 A Pa 3 Pasewalk, Nr. 77/1
1,75 A Pa 3 Pasewalk, Nr. 79
1,75 A Pa 3 Pasewalk, Nr. 82

Vorpommersches Landesarchiv Greifswald (LA Greifswald)

Rep. 38 b Ueckermünde, Nr. 2261

Rep. 60, Nr. 2719

Rep. 90, Nr. 185
Rep. 90, Nr. 554

Rep. 90 a Pasewalk, Nr. 6

6.4.2. Gedruckte Quellen

Allgemeine Zeitung des Judenthums, 13. Jg., Nr. 26 (25. Juni 1849), S. 351f.
Allgemeine Zeitung des Judenthums, 13. Jg., Nr. 46 (12. Nov. 1849), S. 653.
Allgemeine Zeitung des Judenthums, 25. Jg., Nr. 4 (22. Jan. 1861), S. 56.
Allgemeine Zeitung des Judenthums, 25. Jg., Nr. 5 (29. Jan. 1861), S. 70.
Allgemeine Zeitung des Judenthums, 25. Jg., Nr. 6 (5. Feb. 1861), S. 84.
Allgemeine Zeitung des Judenthums, 28. Jg., Nr. 51 (13. Dez. 1864), S. 795f.
Allgemeine Zeitung des Judenthums, 38. Jg., Nr. 33 (11. Aug. 1874), S. 564.
Allgemeine Zeitung des Judenthums, 38. Jg., Nr. 34 (18. Aug. 1874), S. 580.
Allgemeine Zeitung des Judenthums, 38. Jg., Nr. 35 (25. Aug. 1874), S. 596.
Allgemeine Zeitung des Judenthums, 45. Jg., Nr. 36 (6. Sept. 1881), S. 578.
Der Gemeindebote, Beilage zur AZJ, 60. Jg., Nr. 1 (3. Jan. 1896), S. 2f.
Der Gemeindebote, Beilage zur AZJ, 61. Jg., Nr. 43 (22. Okt. 1897), S. ?.
Der Gemeindebote, Beilage zur AZJ, 64. Jg., Nr. 17 (27. Apr. 1900), S. 1f.
Der Gemeindebote, Beilage zur AZJ, 65. Jg., Nr. 49 (6. Dez. 1901), S. 2.
Der Gemeindebote, Beilage zur AZJ, 66. Jg., Nr. 19 (9. Mai 1902), S. 2.
Der Gemeindebote, Beilage zur AZJ, 66. Jg., Nr. 34 (22. Aug. 1902), S. 1f.
Der Gemeindebote, Beilage zur AZJ, 68. Jg., Nr. 6 (5. Feb. 1904), S. 2.
Der Gemeindebote, Beilage zur AZJ, 68. Jg., Nr. 8 (19. Feb. 1904), S. 2.
Der Gemeindebote, Beilage zur AZJ, 70. Jg., Nr. 6 (9. Feb. 1906), S. 3.
Der Gemeindebote, Beilage zur AZJ, 70. Jg., Nr. 42 (19. Okt. 1906), S. 1.

Der Orient, 10. Jg., Nr. 33 (18. Aug. 1849), S. 151f.

Freie Erde, Bezirkszeitung Neubrandenburg, Kreisseite Pasewalk vom 10. und 29. November 1988.

Führer durch die jüdische Gemeindeverwaltung und Wohlfahrtspflege in Deutschland 1932-33.

Gemeindeblatt der Synagogen-Gemeinde zu Stettin, Amtliches Organ des Gemeindevorstandes und des Verbandes der Synagogen-Gemeinden Pommerns, Jg. 1931, Nr. 10, S. 5.

Im deutschen Reich, 9. Jg., Nr. 11 (Nov. 1903), S. 673f.

Stadtbuch – Wohnungsanzeiger – Pasewalk, Pasewalk 1928.

Thevoz, Robert / Branig, Hans / Lowenthal-Hensel, Cecile: Pommern 1934/35 im Spiegel von Gestapo-Lageberichten und Sachakten. Veröffentlichungen aus den Archiven Preußischer Kulturbesitz, 2 Bde., Bd. 1: Darstellung, Bd. 2: Quellen, Köln/Berlin 1974.

6.5. Literaturverzeichnis

Bäcker, Lars: Juden in Schwedisch-Vorpommern/Neuvorpommern von 1648-1871, Diss., Greifswald 1993.
Bartelt, August: Geschichte der Stadt Ueckermünde und ihrer Eigentumsortschaften, Ueckermünde 1926.
Behrendt, Friedel: Eine Frau in zwei Welten, Berlin (Ost) 1963.
Borth, Sibylle / Brose, Wolfgang / Giermann, Kurt / Wieland, Artur (Hrsg.): Pasewalk, Erfurt 1999.
Brammer, Annegret H.: Judenpolitik und Judengesetzgebung in Preußen 1812 bis 1847, Berlin 1987.
Brocke, Michael / Carlebach, Julius (Hrsg.): Biographisches Handbuch der Rabbiner. Teil I: Die Rabbiner der Emanzipationszeit in den deutschen, böhmischen und großpolnischen Ländern 1781–1871, Band 1, München 2004.
Brocke, Michael / Carlebach, Julius (Hrsg.): Biographisches Handbuch der Rabbiner. Teil I: Die Rabbiner der Emanzipationszeit in den deutschen, böhmischen und großpolnischen Ländern 1781–1871, Band 2, München 2004.
Brose, Wolfgang / Hondelet, Uwe: Pasewalk. Kulturhistorische und heimatgeschichtliche Beiträge, Pasewalk 1991.
Bunimov, Valeriy: Jüdisches Leben in Mecklenburg-Vorpommern heute, in: Diekmann, Irene (Hrsg.): Wegweiser durch das jüdische Mecklenburg-Vor-

pommern. Im Auftrag des MMZ für europäisch-jüdische Studien, Bd. II, Potsdam 1998, S. 513-515.

Carlebach, Salomon: Geschichte der Juden in Lübeck und Moisling, Lübeck 1898.

Dinse, Ursula: Aus der Isolation in die konfessionelle Gleichberechtigung – Synagogenbau in Mecklenburg-Vorpommern, in: Diekmann, Irene (Hrsg.): Wegweiser durch das jüdische Mecklenburg-Vorpommern. Im Auftrag des MMZ für europäisch-jüdische Studien, Bd. II, Potsdam 1998, S. 355-370.

Fischer, Horst: Judentum, Staat und Heer in Preußen im frühen 19. Jahrhundert, Tübingen 1968.

Frankiewicz, Bogdan / Wilhelmus, Wolfgang: Selbstachtung wahren und Solidarität üben. Pommerns Juden während des Nationalsozialismus, in: Heitmann, Margret / Schoeps, Julius H. (Hrsg.): „Halte fern dem ganzen Lande jedes Verderben ..." Geschichte und Kultur der Juden in Pommern, Hildesheim 1995, S. 453-471.

Frankiewicz, Bogdan: Das Schicksal der Juden in Pommern nach 1933, in: Der faschistische Pogrom vom 9./10. November 1938 – Zur Geschichte der Juden in Pommern, Wissenschaftliche Beiträge der Ernst-Moritz-Arndt-Universität Greifswald, Greifswald 1989, S. 41-52.

Grotefend, Ulrich: Geschichte und rechtliche Stellung der Juden in Pommern. Von den Anfängen bis zum Tode Friedrich des Großen, Marburg 1931.

Haase, Kurt: Geschichte der Stadt Pasewalk im Überblick, in: Vollack, Manfred (Hrsg.): Der Kreis Ueckermünde bis 1945. Ein pommersches Heimatbuch, Husum 1992, S. 463-496.

Hergt, Angelika: Pasewalk, in: Führer, Cordula / Wolff, Kathrin: Zeugnisse jüdischer Kultur. Erinnerungsstätten in Mecklenburg-Vorpommern, Brandenburg, Berlin, Sachsen-Anhalt, Sachsen und Thüringen, Berlin 1992, S. 45f.

Hückstädt, Ernst: Geschichte der Stadt Pasewalk von der ältesten bis auf die neueste Zeit, Pasewalk 1883.

Jehle, Manfred (Hrsg.): Die Juden und die jüdischen Gemeinden Preußens in amtlichen Enqueten des Vormärz, Teil II, München 1998.

Kénez, Csaba: Geschichte des Judentums in Pommern, in: Pommern. Kunst – Geschichte – Volkstum, 8. Jg. (1970), Heft 1, S. 8-17.

Klose, Fritz: Pasewalk, die alte Ueckerstadt, in: Unser Pommernland, Monatsschrift für das Kulturleben der Heimat, Sonderheft Pasewalk, Heft 1, Stettin 1926, S. 1-6.

Kreis Ueckermünde. Das Heimatbuch des Kreises, hrsg. vom Kreisausschuss des Kreises Ueckermünde, Magdeburg 1935.

Krüger, Egon / Wilhelmus, Wolfgang: Pasewalk, in: Diekmann, Irene (Hrsg.): Wegweiser durch das jüdische Mecklenburg-Vorpommern. Im Auftrag des MMZ für europäisch-jüdische Studien, Bd. II, Potsdam 1998, S. 167-180.

Krüger, Egon / Wilhelmus, Wolfgang: Juden in Pasewalk und Umgebung, in: Heitmann, Margret / Schoeps, Julius H. (Hrsg.): „Halte fern dem ganzen Lande jedes Verderben ..." Geschichte und Kultur der Juden in Pommern, Hildesheim 1995, S. 173-182.

Krüger, Egon: Die Bedeutung der Juden im Wirtschaftsleben von Pasewalk vor 1933, in: Heimatheft des Landkreises Pasewalk 1993, S. 60f.

Krüger, Egon: Über die Juden in Pasewalk nach 1933, in: Der faschistische Pogrom vom 9./10. November 1938 – Zur Geschichte der Juden in Pommern, Wissenschaftliche Beiträge der Ernst-Moritz-Arndt-Universität Greifswald, Greifswald 1989, S. 121-126.

Krüger, Egon: Stadtrat Paul Behrendt, in: 30 Jahre Kreisstadt Pasewalk, Pasewalk 1982, S. 49ff.

Krüger, Egon: Kanalisationsdeckel aus Pasewalk, in: 1. Heimatheft des Landkreises Uecker-Randow 1995, S. 41f.

Krüger, Egon: Über die jüdischen Familien Räsener und Brzezinski in Pasewalk, in: Pasewalker Nachrichten, Bd. 4 (2006), Nr. 2, S. 14f.

Krüger, Egon: Pasewalk in Pommern, in: Heimatheft des Landkreises Pasewalk 1993, hrsg. von der Kreisverwaltung Pasewalk, Pasewalk 1993, S. 62-65.

Lowenthal, Ernst G.: Juden in Preussen. Ein biographisches Verzeichnis, Berlin 1982.

Männchen, Julia: Der Antisemitismus seit der zweiten Hälfte des 19. Jahrhunderts in Deutschland, in: Der faschistische Pogrom vom 9./10. November 1938 – Zur Geschichte der Juden in Pommern, Wissenschaftliche Beiträge der Ernst-Moritz-Arndt-Universität Greifswald, Greifswald 1989, S. 18-31.

Neufeld, Siegbert: Juden in Pommern, in: Allgemeine Jüdische Wochenzeitung, hrsg. vom Zentralrat der Juden in Deutschland, Bonn (5. Jan. 1968), S. 3.

Pasewalk, in: Avneri, Zwi (Hrsg.): Germania Judaica, 3 Bände, Bd. II, Von 1238 bis zur Mitte des 14. Jahrhunderts, 2. Halbband, Maastricht – Zwolle, Tübingen 1968, S. 646.

Pasewalk, Kreis Ueckermünde, in: Keyser, Erich (Hrsg.): Deutsches Städtebuch, Handbuch städtischer Geschichte, im Auftrage der Konferenz der landesgeschichtlichen Kommissionen Deutschlands mit Unterstützung des Deutschen Gemeindetages, Bd. 1, Nordostdeutschland, Stuttgart/Berlin 1939, S. 209f.

Pasewalk, in: Berghaus, Heinrich: Landbuch des Herzogthums Stettin, von Kamin und Hinterpommern oder des Verwaltungsbezirks der Königlichen Regierung zu Stettin, 1. Bd., Anklam/Berlin 1865, S. 768-871.

Pasewalk, in: Meyers Großes Konversations-Lexikon, Bd. 15, Leipzig/Berlin 1908, S. 476.

Pasewalk und die Gemeinde Torgelow, hrsg. unter Mitwirkung des Magistrats Pasewalk, Leipzig 1929.

Peiser, Jacob: Die Geschichte der Synagogengemeinde zu Stettin. Eine Studie zur Geschichte des pommerschen Judentums, Würzburg 1965.

Rautenberg, Hans-Werner: Zur Geschichte des Judentums in Pommern und Westpreußen zwischen Emanzipation und Erstem Weltkrieg, in: Rhode, Gotthold (Hrsg.): Juden in Ostmitteleuropa von der Emanzipation bis zum Ersten Weltkrieg, Marburg/Lahn 1989, S. 49-72.

Silbergleit, Heinrich: Die Bevölkerungs- und Berufsverhältnisse der Juden im Deutschen Reich, Berlin 1930.

Stelzer, Christian: Anstöße zum Nachdenken, in: Nordkurier vom 27./28. Jan. 2007, S. 3.

Stern, Selma: Der preußische Staat und die Juden, Band I, Tübingen 1962.

Stern, Selma: Der preußische Staat und die Juden, Band II, Tübingen 1962.

Unser Pommernland, Monatsschrift für das Kulturleben der Heimat, Sonderheft Pasewalk, Heft 1, Stettin 1926.

Vollack, Manfred (Hrsg.): Der Kreis Ueckermünde bis 1945. Ein pommersches Heimatbuch, Husum 1992.

Walk, Joseph: Kurzbiographien zur Geschichte der Juden 1918–1945, München 1988.

Wilhelmus, Wolfgang: Geschichte der Juden in Pommern, Rostock 2004.

Wilhelmus, Wolfgang: Aus der Geschichte der Juden in Vorpommern, in: Diekmann, Irene (Hrsg.): Wegweiser durch das jüdische Mecklenburg-Vorpommern. Im Auftrag des MMZ für europäisch-jüdische Studien, Bd. II, Potsdam 1998, S. 23-36.

Wilhelmus, Wolfgang: Juden in Vorpommern, Schwerin 1996.

Wilhelmus, Wolfgang: Juden in Vorpommern im 19. Jahrhundert, in: Heitmann, Margret / Schoeps, Julius H. (Hrsg.): „Halte fern dem ganzen Lande jedes Verderben …" Geschichte und Kultur der Juden in Pommern, Hildesheim 1995, S. 99-115.

Danksagung

Ich danke dem Staatsarchiv Stettin, dem Archiv der Stiftung Neue Synagoge Berlin – Centrum Judaicum, dem Bundesarchiv Berlin, dem Geheimen Staatsarchiv Preußischer Kulturbesitz, dem Vorpommerschen Landesarchiv Greifswald und dem Kreisarchiv Pasewalk für ihre freundliche Unterstützung und Kooperation.

Besonderer Dank gilt darüber hinaus Frau Dr. Irene Diekmann für die umfassende Betreuung im Zuge des Entstehungsprozesses dieser Arbeit sowie der Rosa-Luxemburg-Stiftung Brandenburg, welche die vorliegende Publikation in dieser Form erst ermöglicht hat. Des Weiteren möchte ich mich bei Herrn Daniel Küchenmeister für seine unermüdliche Beratung und Geduld bedanken.

Last but not least danke ich von ganzem Herzen meinem Mann und meiner Familie für ihr unerschütterliches Vertrauen, die grenzenlose Unterstützung und stete Ermutigung, ohne die diese Arbeit undenkbar gewesen wäre.

Schriften von Förderpreisträgern der Rosa-Luxemburg-Stiftung Brandenburg e.V.

Sebastian Köhler
Netze – Verkehren – Öffentlichkeiten
Zu polyzentrischen Potenzialen Neuer Medien Dissertation zur Erlangung des Akademischen Grades doctor philosopiae (Dr. phil.)
GNN Schkeuditz 2001, ISBN 3-89819-083-8, Preis: 21,00 €, 252 S.

Stefanie Holuba
An der Grenze des Marxismus – Arbeiten Paul Lafargues
GNN Schkeuditz 2002, ISBN 3-89819-119-2, Preis: 15,00 €, 148 S.

Katrin Möller
Liedkultur in der DDR – Ausgleich für nicht funktionierende gesellschaftliche Öffentlichkeit
Schkeuditzer Buchverlag 2003, ISBN 3-935530-23-4, Preis: 15,00 €, 140 S.

Stefanie Womann
Realität – Kunst – Propaganda
Willi Bredel und die Exilzeitschriften „Internationale Literatur" und „Das Wort"
Schkeuditzer Buchverlag 2004, ISBN 3-935530-34-X, Preis: 15,00 €, 148 S.

Katarina Rafailović
Problemfeld Begutachtung ‚traumatisierter' Flüchlinge
Eine empirische Studie zur Praxisreflexion
Schkeuditzer Buchverlag 2005, ISBN 3-935530-49-8, Preis: 20,00 €, 220 S.

Jan Kostka
Peter Weiss' Vietnam/USA-Variationen über Geschichte und Gedächtnis
Schkeuditzer Buchverlag 2006, ISBN 3-935530-55-2, Preis: 15,00 €, 133 S.

Marek Voigt
Ostpolitik und Westarbeit
Deutsch-deutsche Jugendzusammenarbeit am Beispiel der Beziehungen zwischen Jungdemokraten und FDJ
Schkeuditzer Buchverlag 2007, ISBN 3-935530-58-3, Preis: 18,00 €, 162 S.

Katja Semmler
Die Straße als literarischer Topos
Beobachtungen zu Texten von Brigitte Reimann und Sibylle Berg
Schkeuditzer Buchverlag 2008, ISBN 978-3-935530-66-8, Preis: 15,00 €, 131 S.